아무튼, 순정만화

아무튼, 순정만화

이마루

코난북스

차례

내 인생의 대사는 순정만화로 채워져 있습니다___ 6
만화로 잡지를 배웠습니다___ 20
그 자체로 가장 많은 여자들의 이야기___ 36
대여점과 함께, 만화가 사라졌다___ 56
사랑이 전부인 줄 알았는데___ 72
그래서 소녀들의 연애는?___ 88
소녀들의 성___ 104
오, 우정이여___ 114
만화가 시키는 대로 입었습니다___ 124
내 유머가 순정만화에서 비롯한 것이라면___ 138
그런 삶이 있는 줄 몰랐다___ 148
닫혀버린 세계___ 162

내 인생의 대사는
순정만화로 채워져 있습니다

학교 앞 네 평짜리 작은 원룸부터 지금 사는 오래된 1.5룸 아파트까지, 내 독립의 역사는 스무 살부터 실험과 팽창을 거듭해왔다. 그 역사를 가장 잘 보여주는 증거물이 있다면 단연 책꽂이가 아닐까. 나무 밑둥의 나이테처럼 내게도 지나온 흔적을 더듬을 수 있는 어떤 기록이 존재한다면 그것은 역시나 책꽂이일 것이다.

천안에 사는 엄마 아빠가 딸내미를 처음으로 서울로 보내며 장만해준 5단짜리 갈색 책꽂이, 그 책꽂이가 책으로 가득해질 즈음 하나씩 구입한 저렴한 공간박스, 공간박스가 너무 많아지자 비슷한 색으로 산다고 샀으나 먼저 쓰던 5단 책장과 묘하게 색이 달랐던 또 다른 4단 책꽂이, 그조차 부족해질 무렵 마련한 철제 스탠드 책꽂이, 이민 가는 선배가 저렴하게 양도한 선반형 책꽂이….

멋대로 쌓인 퇴적층처럼 크기도 디자인도 제각각인 공간박스와 책꽂이를 모조리 처분하고서 몇 년 전 벽 높이와 너비에 딱 맞는 맞춤형 책장을 가졌을 때, 나는 비로소 진짜 독립한 한 사람이 된 기분이 들었다.

책꽂이의 흔적을 어떤 증거처럼 더듬는 건 엄마 아빠의 영향일지도 모른다. 해직 교사였던 엄마 아빠가 복직 후 이사한 아파트에 신경 써 들인 가구는 거실과 안방을 차지한 맞춤 책장이었다. 그로부터 20년 가까운 시간이 흘러 한적한 교외의 단독주택으로 이사하게 됐을 때 부모님이 가장 공들여 공사한 공간 역시 2층 서재였다.

끊임없이 책이 증식하는 환경에서 살아온 사람이라면 알 거라고 믿는다. 아무렇게나 꽂힌 것 같은 책들 사이에도 주인은 알아볼 수 있는 규칙이 존재하며 혼란 속에서도 항상 중요한 위치를 차지하는 책들이 있다는 것을. 우리 집에서 만화책은 당당하게 책장을 차지한 존재였다.

엄마, 나, 동생 두루. 세 명이 느슨한 소유권을 주장하며 모아온 만화책은 내가 10대 시절을 보낸 공간의 풍경을 정의한다. 만화책은 책등 디자인이 비교적 자유로운 데다가 여러 권짜리 시리즈로 나오기 마련이라 같은 권수라도 다른 책들보다 큰 존재감을 자랑한다.

나름의 진열 방식이 있었음은 물론이다. 작가별로 배치하되 좋아하는 작가의 만화는 책장의 '로열층'인 세네 번째 칸에 꽂을 것. 그러나 정말 좋아하는 작품이라면 시시때때로 꺼내 보기 좋게 오히려 책들과 칸막이 사이 빈 공간에 책등이 잘 보이도록 눕

혀 꽂을 것. 책 대여점의 슬라이딩 도어 책장이 유용하다는 건 알았으나 막상 또 집에 들이기에는 수월하지 않았던바, 그다지 자주 보지 않게 된 만화책들은 이열횡대로 꽂힌 책들의 뒷줄로 밀린다. 만화책은 비교적 판형이 작고 가벼워 책꽂이 한 칸에 두 겹으로 쌓아 꽂기에도 적합하기 때문이다. 같은 작가의 조금 덜 좋아하는 작품을 뒷줄로 미는 경우도 있다. 그럴 때면 '너의 위치는 내 마음속에서 이렇게 강등됐다!'라며 소소한 권력을 발휘하는 데서 희열을 느끼기도 한다.

그렇게 쌓인 2천 권 넘는 만화책 중에서 고르고 고른 수십 권만 챙겨 상경한 지도 어느 덧 10년이 훌쩍 넘었다. 그 10년 넘는 시간 동안 '역시 없으니 안 될 것 같아서' 부모님 집에서 더 가져온 만화책 그리고 새로 사 모은 만화책을 합하면 3백 권쯤 되는 것 같다. 그리고 한국 나이로 서른넷이 된 지금 만화책들은 여전히 우리 집 책꽂이의 가장 좋은 자리를 차지하고 있다. 각별하게 생각하는 책과 CD만 가져다놓은 침대방 책꽂이의 로열층 또한 만화책이 차지했다는 사실이 내 사랑을 증명하는 데 효력이 있을까?

수차례 예선과 본선 심사를 걸쳐 '아끼는' 책장의 '각별한' 자리를 차지한 작품들 리스트는 다음과 같다. 『내 남자친구 이야기』, 『천사가 아니야』, 『우리들이 있었다』, 『해피 매니아』, 『헬무트』, 『그리고 또 그리고』…. 응? 그러고 보니 모두 순정만화 작가들의 만화뿐! 그렇다. 시대와 취향의 변화를 거쳐 지금까지도 내가 애지중지 껴안고 있는 만화들은 오로지 순정만화뿐이다.

살면서 맞닥뜨리는 다채로운 순간들, 그 순간순간에 내 머릿속에 가장 먼저 떠오른 것들 또한 언제나 순정만화 속 대사였다. "미래란 언제나 예측불허… 그리하여 생은 의미를 가지는 것이다"(『아르미안의 네 딸들』, 신일숙)처럼 비장한 명대사일 필요도 없다.

"어느 시간에서든, 어느 공간에서든 반짝이는 것이 있다면 잘 간직해야지. 다듬지 않아도 그건 내겐 보석이니까."

고교 시절에 오가던 소란한 감정이 휘발되고 흐릿한 색채로 남는 과정을 장장 18권에 걸쳐 그린 만화 『다정다감』(박은아) 마지막 페이지에 새겨진 문장이다. '요즘 좀 괜찮잖아?' 싶을 때마다 나는 이 문장을 되새긴다. 일상이 비교적 평화롭고 만족스럽다는 것을 자연스럽게 깨닫게 되는 드물고 소중한 순간들,

저녁을 먹고 야간 자율학습이 시작되기 전까지 짧은 시간 동안 좋아하는 친구와 함께 교실 복도에서 나누던 수다, 그래도 서울에 올라오길 잘 했다는 생각이 들게 하는 출퇴근길 차창 밖의 한강, 지금 기분에 딱 맞는 음악이 나오길 바라며 음악을 셔플모드로 재생해두고 집까지 걸어오는 길…. 일상이라고 여겼던 어떤 시간들이 아주 사소한 이유로 곧 비일상이 된다는 사실을 깨달은 후로는 이 대사를 더 자주, 더 진지하게 떠올리게 되는 것 같다.

만남과 헤어짐을 거듭하고서 사랑에 냉소적이라도 될라치면 『우리들이 있었다』(오바타 유키) 8권에 등장한 나나미와 야노의 키스신을 되새긴다. 야노는 어쩔 수 없는 사정으로 먼 곳으로 전학을 가야 한다. 곧 떨어질 두 사람은 사랑을 지키자고 맹세하면서 별빛 아래에서 입을 맞춘다. 그리고 그 순간 여주인공 나나미의 독백이 밤하늘을 배경으로 펼쳐진다.

"어른이 된 우리가, 더 이상 영원을 믿지 않게 된 우리가 지금도 그 순간을 기억하는 건…
그때만큼은 시간이 멈추고, 이 세상에 우리밖에 없고 이 순간이 무엇보다 진실되며 꿈 같고,
찰나이면서 영원처럼 느껴졌기 때문일 것이다.

젊은 날의 우리 마음속에 확실히 영원은 있었다."

그 장면을 상기하면 지금 내 옆에 있는 사람과 나중에 어떻게 되든 지금 이 순간의 감정은 진짜니까 괜찮다고, 오지도 않은 미래를 굳이 예측하며 지금의 상황마저 의심할 필요가 없다고 스스로를 다독일 수 있다.

"하느님. 부디 그를 지켜주세요. 설령 무슨 일이 있어도 굽히지 않게, 좌절하지 않게. 그가 만날 사람들이 모쪼록 가슴 따뜻한 사람들이길. 그의 타고난 밝고 기민한 천성이 그들에게 잘 받아들여지길. 부디 그를 지켜주세요….
그게 내 기도였습니다."

나나미의 이런 말은 어떤가. 소중한 누군가가 행복하기를 순수하게 기원할 때, 이 대사만큼 간절하고 내 감정에 가장 가까운 표현을 나는 아직 만나지 못했다.

특별히 맥락 없이 강렬하게 남은 대사도 있다. 『너버스 비너스』(와세다 치에)에 등장하는 "바다가 아름다운 이유는 인육을 머금고 있기 때문이다" 같은 대사가 그렇다. 덕분에 대학생이 되어 놀러 간 부산국제영화제의 떠들썩한 분위기 속에서 해운대 밤바다를 즐겁게 걷다가 문득문득 깜깜한 바다를 보며 몸서리치곤 했다.

발군의 유머 감각을 자랑하는 김정은 작가의 만화 속 대사 역시 내 일상을 습격한다. 예를 들어 내가 종종 사용하는(그리고 그때마다 나 혼자만 이 대사를 재미있어한다는 사실을 확인하는) "이럴 줄 알았지만 이럴 줄이야"라는 말은 김정은 작가의 『지구생활백서』에 나온 대사다. 이 말은 정말 모든 상황에 가져다 쓸 수 있다. 기대만큼 맛있는 음식이 나왔을 때, 누구랑 누가 사귄다는 이야기를 들었을 때, 무리일 거라고 생각했던 마감 일자를 결국 지키지 못했을 때….

영화도, 책도, 노래 가사도 충분히 음미하면서 살았다고 생각했는데 결국 남은 건 만화 대사들이라니 대체 왜인지. 가장 쉬운 이유를 찾자면 아무래도, 정말 많이 봤기 때문이다. 만화책은 정말 마르고 닳도록 읽고 또 읽기 좋다. 무게라고는 거의 느껴지지 않는 가벼운 제본, 가방 속에도 베개 밑에도 쏙 들어가는 아담한 사이즈, 맘 잡고 정독해도 20분이면 한 권을 후딱 읽을 수 있는 두께.

아침 자습 시간에 선생님들 눈을 피해 잠시, 하굣길에 들른 대여점에서 또 잠시, 야간 자율학습 마치고 집에 돌아와 씻고 난 뒤에 잠시. 나이를 먹은 뒤에는 술을 깨고 잠들고 싶을 때나 뭔가를 읽고 싶을 때에도 나는 본 만화책을 보고 또 봤다. 아무리 시간이 없고 피곤해도 자기 전에 만화책 한 권 읽을 힘은 남아 있었다. 그리고 그렇게 늘 원래 자려던 시간보다 한두 시간씩 늦게 잠드는 사람이 되었다.

「윙크」, 「코믹스투데이」에 연재된 유시진의 『쿨핫』은 그렇게 본 만화 중에서도 가장 많이 본 작품이다. 기억에 남는 대사 한두 마디를 꼽을 수 있는 수준이 아니다. 대인관계와 사람 사이의 거리감에 대한 내 세계관을 아예 이 만화가 결정지었다고 봐도 무방할 지경이다. 'cool HOT, 하트. 비트. 사운드'라고 적힌 만화책 표지를 넘기면 책날개에 (지금 보면) 너무나 젊고 명랑한 유시진 작가의 사진이 나타난다. 나는 대체 살면서 이 책장을 몇 번이나 넘겼을까. 만화를 시작하며 들어가는 작가의 말은 지금 봐도 정말 '쿨'하다.

"이 첫 번째 이야기의 주인공은 이루다이다.
큰 키와 운동신경, 체격, 성격, 힘 등의 이른바

'남성적'이라고 불리는 성향을 타고난, 그리고 그런 자신의 성향의 표출에 대해 상당히 당당한 여자아이다. 중요한 것은 이런 개인적 특성의 자각이 성적 정체성—즉 '남자가 되고 싶다'라든가 '난 남자야' 등으로 연결되지 않고, 유전자적 여성으로서의 자신과 남성적이라고 불리는 특성들을 가지고 있는 자신을 자연스럽게 받아들인다는 점이다."

세상에, 똑똑, 지금은 2020년인데 1997년에 이미 이런 이야기가 있었답니다. 『쿨핫』 단행본 1권이 출간되었을 때 나는 초등학교 5학년밖에 되지 않았으므로 이 만화를 진짜로 이해하고 공감하며 읽은 것은 6권까지 나온 고등학생 시절로 기억한다.

만화는 가디룩이라는 고등학교 독서토론 동아리 회원들을 중심으로 펼쳐진다. 등장 인물들은 하나같이 비범하다. 작가의 말에 언급되었듯이 180센티미터에 육박하는 키에 '남성적인' 외모를 가진 단순무식한 루다, 영화감독 아버지와 요절한 피아니스트 어머니에게서 자란 '얼음공주' 동경, 해사한 외모와 붙임성으로 누구에게나 사랑받는 선우람, 그런 우람의 소꿉친구이자 시원시원한 미녀 재련….

이 학원물을 지배하는 가장 큰 정서를 꼽자면 관계에 대한 열망일 것이다. 누군가와 강렬하게 가까워지고 싶고, 그가 가진 재능이나 매력을 동경하고, 그에게 나 역시 특별한 사람이 되고 싶고, 그 사람만이 나의 막연한 공허와 물음표들에 해답이 되어줄 것만 같은 청소년기의 간절한 열망.

『쿨핫』이 특별했던 점을 꼽자면 이런 격렬한 감정의 경계를 굳이 동성애와 이성애, 연애 감정과 우정으로 구별하지 않고 열병에 휩싸인 등장 인물 각각의 감정에 충실했다는 점이다. 나는 '일반(一般)'과 다르다고 해서 '이반(異般)'이라고 호명되었던 야오이와 레즈비언 문화가 그야말로 창궐한 2000년대 초반에 여중 여고를 다녔고, 그런 나로서는 이 만화의 이분법적이지 않은 태도가 당시의 내 감정을 직면하는 데도 도움이 됐다.

10대의 나는 "인간관계는 대개가 지랄 같은 거야. 적을수록 좋지"라고 단호하게 뿌리치는 동경이, 아니면 사람들과 어울리지 않는 순간에는 '압사당할 것 같은 공허함'이 눈동자에 드러나는 영전 언니처럼 매력 넘치는 사람이 되고 싶었다. 그러나 애초에 나는 퇴폐미나 허무 같은 단어와는 꽤 거리가 먼 인간이었고, 결국 이 만화에서 내 마음에 오래 남은 대사는 루다의 친오빠이면서 유연하고 느긋한 인물인 이루리의 것들이었다.

"음, 사랑이든 우정이든 간에 네 감정에 거짓없이 행동하면 어쨌든 후회는 없을 거야. 여자가 같은 여자를 사랑하는 것도 어떤 이들한테는 자연스러운 거니까."

"내가 좋아하는 사람이 같은 마음으로 나를 좋아해준다는 것. 난 그게 우주적인 확률의 이벤트라고 생각해. 그 기회를 놓치며 살고 싶지 않아, 난."

우주적인 확률의 이벤트! 그래서 수능이 끝나고 같은 학원에 다니던 남자아이와 첫 연애를 시작했을 때 나는 내가 바로 그 엄청난 행운의 주인공이 됐다는 것을 믿을 수 없었다. 물론 내 연애는 우주라는 거창한 단어를 갖다 쓰기에는 어울리지 않을 만큼 뻔하고 시시하게 끝났지만, 30대 중반에 접어든 지금까지도 그 대사는 내 안 어딘가에 남아 있다.

"사랑으로 할 수 있는 일이 무엇일까? 결코

누구도 다른 누군가의 생을 책임질 수 없으며,
다른 누군가를 대신해 살아줄 수도 없다. (…)
사랑으로 무엇을 할 수 있을까? 미약하고
불완전하며 미덥지 못한 그것으로.
　그래도—그럼에도 불구하고, 그것만이
우리에게 주어진 유일한 것이고 (…) 아마 그래서
더욱 인간은 어쩔 수 없이 슬픈 존재일 것이다."

　내가 밑줄 그으며 읽었던 동경의 대사다. 순정만화에서는 가장 냉소적인 캐릭터조차 사랑 혹은 관계에 관한 열망을 부정하지 않는다. 물론 과거의 상처 때문에 사랑을 믿지 않게 된 남녀가 소중한 누군가를 만나 차츰 마음을 열고 열렬한 사랑에 빠진다는 스토리는 헤아릴 수 없이 반복되고 또 반복된 완벽한 대중문화 속 클리셰다. 그러나 대부분의 만화는 전지적 작가 시점으로 펼쳐지는 법. 등장 인물의 독백과 입체적인 관계들로 그려지는 만화 속 감정들은 늘 영화나 드라마보다 섬세하다.

　대부분 10대이거나 20대 초반에 불과한 주인공들이 내뱉는 감정, 이들이 나누는 사랑의 맹세는 순수하다. 영원을 약속하는 것을 두려워하지 않는다. 그래서 더할 나위 없이 맹목적이고 애달프다. 나는 만화 속에 흐르는 수많은 독백을 어떤 시구보다도 아름답고 정확하기까지 한 묘사들로 기억한다.
 항상 일인칭의 독백을 머릿속에 떠올리는 어른이 된 건 이런 절절한 순정만화의 장면들에 여전히 매여 있기 때문이지 않을까? 썩 괜찮은 핑계인 것 같다.

만화로 잡지를 배웠습니다

스포츠 만화 같은 설정을 뽐내며 2018 평창 동계올림픽 중 최고의 화제이자 최고의 경기로 꼽힌 여자 컬링 한일전을 기억하시는지. 어쩌다 경북 의성에서 컬링을 시작하게 된 한국의 '팀 킴'과 달리, 일본 팀의 스킵 후지사와 사츠키 선수는 부모님이 모두 컬링 선수 출신이라고 한다. 한마디로 컬링 엘리트인 셈이다.

1976년 연재를 시작해 아직도 결말이 나지 않은 전설의 순정만화 『유리가면』(미우치 스즈에)의 주인공 마야가 '팀 킴'이라면 마야의 숙적 아유미는 후지사와 선수에 비교될 만하다. 연극 재능을 제외하면 가진 게 없는 마야와 달리, 아유미는 인기 배우인 어머니와 방송 쪽 큰손인 아버지 사이에서 태어났기 때문이다.

이처럼 재능이 특출난 누군가를 묘사할 때 가정환경이나 부모님 직업이 배경으로 언급되는 것은 드문 일이 아니다. 핏줄과 재능 사이에 상관관계라도 있는 것처럼 말이다. 현실에도 그런 '로열 패밀리'들이 있기는 하다. 제인 버킨과 세르주 갱스부르의 딸 샤롯 갱스부르, 존 레논과 오노 요코 사이에 태어난 숀 레논(큰 재능은 없는 것 같긴 하지만), 프란시스 코폴라 감독의 딸 소피아 코폴라, 세일러문과 턱시도 가면의 딸 꼬마 세일러문(음, 이건 좀 아닌가?)….

여하튼 '만화와 친해질 수 있는 환경'이라는 종목이 있다면 나는 군소 지역 후보 정도는 될 수 있었을 것 같다는 이야기를 하고 싶었다. 비록 올림픽에 나가거나 '홍천녀' 후보가 될 만한 재능 같은 건 아니라 해도.

중학교 교사였던 엄마는 아주 일찍부터 만화를 좋아했다고 한다. 만화가 호환마마와 동급으로 취급받던 엄마의 어린 시절부터 꿋꿋하게. 1970년대에 새소년 클로버 문고로 출판된 고우영 작가의 만화『대야망』은 엄마의 자랑거리다. 너덜너덜하게 찢어진 페이지들을 꼼꼼하게 테이프로 이어 붙인 책은 지금도 우리 집 서랍장 어딘가에 소중하게 보관되어 있(는 것 같)다.

순정만화 그림체를 열심히 따라 그린 엄마의 학창 시절 연습장을 보며 나와 두 살 아래 동생 두루 역시 일찌감치 그림을 그리기 시작했다. 좋아하는 만화책 위에 기름종이를 대고 온갖 그림체를 연필로 베껴 그리는 건 아주 어릴 때부터 우리 두 사람이 함께 한 놀이였다. 낙서 놀이는 점점 더 진지해져서 우리는 신문사에서 주최한 만화 캠프 같은 데를 다녀오거나 작화와 관련된 참고서들을 구입하기도 했다.

엄마는 국내에 정식으로 개봉되지 않았던 지브

리 애니메이션 비디오테이프를 어딘가에서 구해오기도 했는데, 내가 중학생이 될 즈음에는 학교 만화부 지도교사로 나서서 학교 도서관에 만화책을 대대적으로 들여놓고 수업 교재로도 만화책을 사용하더니, 결국에는 『만화, 학교에 오다』라는 책까지 펴낸다. 학부모들의 마음을 움직일 만한, '생각의 힘을 길러준다'는 기준으로 고른 만화 119권을 소개하고 책을 읽은 학생들의 생생한 감상평까지 곁들인 역작이다. 이렇게 지역 공판장에서 도매가로 만화책을 구입할 줄 아는 호기로운 사람이 엄마라면 '만화 키드'로 자라기에 남부럽잖은 환경 아니었겠는가.

막상 국가대표 팀까지 들먹이며 만화 키드라는 표현을 쓰고 나니 머쓱하기는 하다. 어릴 때부터 만화를 보기 시작했고 고등학생 때까지 만화를 항상 그리면서 자랐음에도 만화가가 되고 싶다고 구체적으로 생각한 적은 없었기 때문이다. 엄마 아빠가 만화 그리는 데 필요한 도구도 적극적으로 사주기까지 했으니 돌이켜보면 이상할 정도다.

한 가지 이유를 찾자면 내가 창작에 재능이 없다는 것을 매우 일찌감치 깨달았기 때문이 아닐까? 다른 사람의 창작물은 종이, 그림, 영상, 무대, 음식 등 형식이 어떻든 최대한 많이, 부지런히 즐겨왔음에도 불구하고 정작 엉덩이를 의자에 딱 붙이고 앉아 있을 만큼 꼭 하고 싶은 이야기가 내 안에는 없었다.

세일러문으로 대표되는 미소녀 전사물에 잔뜩 감화됐던 시절, 나와 두루는 각각 '세일러 민트' '세일러 리즈'라는 제목으로 연습장에 만화를 그리기 시작했는데, 두루가 연습장 다섯 권 여섯 권을 채우도록 나는 두 권도 채 그리지 못했다. 6학년이었던 내가 4학년 두루보다 특별히 바쁜 것도 아니었는데. 게다가 그게 그나마 가장 오래, 가장 길게 그린 만화였다. 다른 만화들은 연습장 한 권도 채우지 못한 채 진부한 도입부만 잔뜩 깔아두고 흐지부지 끝나곤 했다.

대학교에 입학하고 음악을 하는 과 동기와 친해지면서 그런 생각을 한 적은 있다. 서울 토박이인 그 친구 주변에는 역시 음악을 하거나 특정 장르를 진지하게 좋아하는 것을 계기로 인터넷 커뮤니티에서 만나 현실 친구가 된 사람이 많았다. 재미있어 보이는 그 조합들을 보면서 나 또한 서울에 살았다면 이런저런 모임에 기웃거리지 않았을까 생각했다.

부산 출신으로 알려진 난다(김민설) 작가가 고등학교 만화부 시절을 그린 에피소드를 보면서 비슷한 부러움을 갖기도 했다. 대도시의 10대들은 다양한 선택지를 보고 접할 수 있을 뿐 아니라 그에 대해서 같이 이야기 나눌 수 있는 친구들을 찾기도 더 쉽다. 만화뿐만이 아니다. 서울에는 클릭비 팬이 많다는데, 나는 나 포함 네 명뿐인 우리 학년 클릭비 팬들과 뭔가 부족한 덕질을 해야만 했다. 천안 여중생들의 마음은 H.O.T.와 신화, god가 점령하고 있었으므로. 역시 동료를 찾으려면 큰물로 나가야 하는 법이다. 해적왕이 되기로 결심한 루피가 동료를 찾으러 결국 바다로 나선 것처럼.

『원피스』 이야기가 나와서 하는 말인데 지금 생각해보면 만화잡지는 『원피스』 주인공들이 함께 탄 배 '고잉메리호'처럼 만화와 관련한 일로 생계를 이어가는 이들이 함께 승선한 배 같은 존재가 아니었을까 싶다. 만화가와 문하생, 편집자와 담당자 그리고 유통, 광고, 판매를 책임지는 사람들도 그 배에 함께 오른 사람들이었을 것이다. 나는 특히 편집부 후기나 만화 여백에 실린 짧은 글로 존재감을 발휘했던 담당 편집자들을 꽤 중요한 존재로 인식했다. 어쩌면 이때부터 창작자보다 창작자 근방에서 일하는 편집자(에디터)라는 일에 직업적 가능성이나 매력을 느꼈는지도 모르겠다.

잡지사에서 에디터로 일하고 있는 지금과 과거를 연결하려고 억지로 의미 부여하는 것 아니냐고?

나는 열세 살 때 받은 천주교 세례명이 성녀 '에디타'에서 기원했다는 것도 내심 인생의 계시가 아니었을까 생각하고 있다. 인테리어잡지 「월간 마루」에 취업해 "안녕하세요. 월간 마루 이마루 에디터입니다"라고 말할 수 있는 기회가 한 번쯤 생긴다면 좋지 않을까 생각하기도 했고. 그러니까 굳이 만화를 끌고 오지 않아도 나에게는 '잡지 기자가 나의 운명이었습니다'라고 말할 만한 에피소드는 충분하다.

  요는, 만화잡지가 내가 최초로 열렬히 챙겨본 잡지였다는 것이다. 비록 서울이나 부산은 아니었을지언정 80년대 중후반부터 90년대 후반까지 이어진 만화잡지 붐은 다행히 내가 나고 자란 충남의 소도시들 역시 비껴가지 않았다.

  희미하게나마 장면들이 기억에 존재하는 대여섯 살부터 은행, 미용실 같은 곳에 가면 언제나 어떤 종류건 만화책, 만화잡지가 반드시 있었다. 피아노 학원 책꽂이에 쌓여 있던 「아이큐점프」와 「소년챔프」, 낡디낡았던 「보물섬」. 한국 최초의 순정만화잡지로 기록된 「르네상스」를 목욕탕 로비에서 본 기억도 있다. 만화책은 공공재처럼 어디에나 있었다. 이때는 '만화는 제9의 예술'이라는 말에 사람들이 아주 어렴풋이나마 동의하기 시작한 시기이기도 하니 만화를 향한 열정은 공기처럼 자연스러웠다.

초등학교 2학년, 생애 처음으로 아파트 단지로 이사하면서부터 내 열정에 불이 붙었다. 작은 맨션이나 소형 빌라가 아닌 20층짜리 아파트 단지(비록 두 동 짜리였다고 해도)에 산다는 건 또래 친구 수가 급속하게 늘어난다는 의미였다. 충남 서산에 갓 지어진 그 새 아파트에서 나는 우리 가족과 같은 시기에 앞집으로 이사 온 지선이를 만난다. 나와 두루 둘이서 공유하던 만화에 관한 이야기들이 우리 집 현관을 넘어 확장된 감격적인 순간이었다. 셋이라니! 셋은 릴레이 만화도 그릴 수 있고, 역할 놀이도 할 수 있으며, 두 명이 다퉜을 때 다른 한 명은 그걸 중재할 수도 있는 숫자다. 그렇게 우리는 만화에 관한 모든 걸 공유했다(역시 동료는 필요하다.)

마침 1990년대 초중반은 초등학생 여자애들이 만화를 맘껏 사랑하기에 더할 나위 없이 완벽한 시절이었다. 열 살 즈음 된 소녀들을 위한 두툼한 만화잡지들이 창간을 알렸고, TV를 켜면 〈꽃의 천사 루루〉, 〈요술소녀〉, 〈베르사이유의 장미〉, 〈뾰로롱 꼬마마녀〉, 〈웨딩 피치〉 등이 나오는 호시절이었다. 비디오 가게에서는 〈금발의 제니〉나 〈레이디 조지〉 같은 것을 빌려 볼 수 있었다. 나, 두루, 지선이만이 아니라

서산의 신축 아파트에 살던 아홉 살짜리 여자애들에게 『베르사이유의 장미』 껌 종이를 모으거나 「나나」를 돌려 보는 건 익숙한 모습이었다.

여기서 말하는 「나나」는 1992년 한국 최초로 초등학교 저학년 여학생들을 대상으로 창간된 만화잡지다. 창간 초부터 연재를 시작한 『빅토리 비키』(한승원)와 『은비가 내리는 나라』(이미라)는 「나나」 인기의 양대 산맥이었다. 1994년, 아홉 살인 우리가 「나나」의 존재를 인식했을 때는 두 연재작 모두 어느 정도 이야기가 진행된 상태였다. 우리는 두 만화의 앞 이야기가 너무 궁금했고 결국 최초로 자비로 단행본을 구입하려는 시도를 한다. 나와 두루가 『빅토리 비키』를, 지선이가 『은비가 내리는 나라』를 사서 돌려 보고, 「나나」 역시 매월 한 호씩 번갈아 사서 교환해 보는 규칙이 생겼다.

가끔 지선이가 사는 『은비가 내리는 나라』가 더 재미있다는 생각이 들 때도 있었지만 나름 합리적인 판단이었던 것 같다. 지선이네 부모님이 시험을 잘 본 지선이에게 『빅토리 비키』와 『은비가 내리는 나라』의 인기를 위협하던 『붉은 진주』(김동화)를 사주셨을 때 우리의 균형은 살짝 무너질 뻔했지만.

그렇게 착실한 나날을 보내며 저학년에서 고학

년으로 진입을 앞두고 있던 초등학교 3학년 여름, 나를 더없이 들뜨게 하는 사건이 찾아왔다. 바로 「밍크」의 창간 소식이었다. 당시 가장 잘나간 만화잡지는 「윙크」였다. 『노말시티』(강경옥), 『리니지』(신일숙), 『블루』(이은혜), 『네 멋대로 해라』(나예리) 등이 연재됐고, 추후 천계영을 발굴한 잡지가 바로 「윙크」다. 그런 「윙크」의 여동생 격인 「밍크」는 출신부터 '로열'이나 다름없었다. 2000년대 이후 『궁』(박소희), 『탐나는도다』(정혜나), 『하백의 신부』(윤미정) 같은 꾸준한 히트작을 낸 곳도 「윙크」다.

「나나」도 훌륭했지만 내가 창간호부터 지켜본 잡지는 아니었으므로 나는 새롭게 출발하는 「밍크」에 충성을 다하기로 결심했다. 어떤 이유에선지 창간호는 갖지 못하고 열 살 생일 선물로 받은 「밍크」 2호. 김진 작가가 그린, 녹색 모자를 쓰고 꽃을 든 소녀가 담긴 표지가 지금도 또렷하게 기억이 난다.

「밍크」는 80년대부터 인기를 구가한 작가들과 다음 세대로 등장한 작가들이 세대 교체를 이루는 과정에서 나온 잡지였다. 권현수, 김진, 문계주, 김숙, 이명신, 이영란, 허정인 등 인기 작가였다고 해도 초등학교 저학년 여자아이들의 마음을 사로잡지 못한 작품들은 흐지부지 연재가 끝났다. 자매지인 「윙크」

로 데뷔했고 남다른 그림체로 추후 엄청난 인기를 구가한 하시현 작가가 첫 연재작 『낭길리마』를 선보인 잡지, 김수연, 류량, 윤지운 작가를 배출한 잡지가 「밍크」였다.

열 살 어린이였던 나의 주관적인 판단과는 별개로 「밍크」는 시장 반응 또한 나쁘지 않았던 것 같다. 「밍크」가 창간된 지 얼마 지나지 않아 「밍크」를 발행하는 서울문화사의 라이벌 격인 학산문화사에서 10~15세 소녀들을 겨냥한 잡지 「파티」를 내놓았던 것을 보면 말이다. 「밍크」가 이미라 작가를 가져갔다면 「파티」는 한승원 작가의 커버로 창간호를 시작했다. '최고 작가' '최고 두께' '최고 부록'을 내세운 「파티」 창간호를 사면 선물로 비밀 다이어리를 줬다. 다이어리에는 작은 자물쇠와 친구끼리 나눠 가질 수 있는 열쇠 다섯 개가 붙어 있었다.

연재작도 막강했다. 『사랑 나와라 뚝딱!』(최경아), 『로맨스 파파』(이영란)처럼 90년대 초반에 데뷔한 작가의 작품과 함께 『스위티잼』(박은아), 『비타민』(여호경) 같은 신인 작가의 작품이 창간 초기부터 균형감 있게 인기를 얻었다.

할머니 할아버지와 같이 산 5학년 때까지 우리집 거실에는 TV가 없었기에 두 분 방에 있는 작은

TV 한 대가 꽤 오랜 시간 우리 집에서 유일한 TV였다. 나중에 생긴 조금 더 큰 TV 역시 거실이 아닌 안방으로 그야말로 '수납'됐다. 거실에 TV가 있는 친구들 집과 달리 우리 집 거실엔 커다란 책장들뿐이었으니 TV 시청을 굳이 권장하지 않는다는, 엄마 아빠가 보내는 암묵적인 신호라고 생각할 수밖에 없었다(그래도 애니메이션과 〈가요 톱텐〉은 볼 수 있었다.)

〈M〉이나 〈판관포청천〉도 못 보고, 〈마지막 승부〉나 〈프로포즈〉도 오로지 주제가로만 알고 있던 내게 등굣길과 하굣길을 제외한 세상의 풍경을 보여준 거의 유일한 창구는 역시 순정만화잡지였다. 잡지라는 말에 걸맞게 순정만화잡지에는 연재 만화 말고 다른 요소들도 뒤섞여 있었기 때문이다.

인기 있는 연예인이나 농구 선수의 사진과 인터뷰가 실린 잡지 앞쪽을 넘기다 보면 드라마는 보지 않을지언정 사람들 사이에서 지금 누가 인기 있는지는 알 수 있었다. 연재작 사이에 끼어 있는 심리 테스트와 별점도 좋아했다. 그리고 애독자 선물 코너! 두 쪽에 걸쳐 진열된 '애독자 선물 대잔치'는 애독자 엽서를 보내준 착한 독자들을 위해 편집부에서 마련한 코너였는데 문구, 액자, 벽시계 같은 소품, 향수, 화장품, 인형, 갖가지 패션 소품 등이 진열된 제품 카탈로

그나 다름없었다. 나는 만화 주인공들이 현실에 존재한다면 이런 물건을 방에 두고 이런 선물을 서로 주고받겠지 상상하곤 했다.

주로 서울에 살았던 주인공들 덕분에 새롭게 알게 되는 것도 많았다. 나는 만화로 도시의 구체적인 풍경을 엿보았다. 주인공들이 데이트하는 웬디스와 베니건스는 어떤 곳이고 너무 크고 넓어서 일행을 놓치기 쉽다는 코엑스는 또 대체 어떤 곳인지, 배스킨라빈스의 체리쥬빌레와 피스타치오 아몬드는 무슨 맛일지…. 초등학교 6학년 때 충남에서 가장 큰 도시인 천안으로 이사했지만 그런 천안에도 T.G.I나 아웃백 같은 패밀리레스토랑이 들어선 것은 2000년대의 일이었다.

그러나 그때는 몰랐다. 「밍크」나 「파티」와 보낼 수 있는 시간이 생각보다 그렇게 길지 않을 것이라는 사실을 말이다. 내가 새로운 잡지에 정신이 팔려 있을 때 「나나」가 소리없이 사라진 것처럼, 이후에도 수많은 만화잡지가 내 중학교 시절, 고등학교 시절에 잠깐 머물렀다가 사라졌다. 「해피」, 「비쥬」, 「슈가」, 「케이크」, 「주띠」, 「오후」…. 그렇게 무언가가 사라진 자리는 다른 잡지와 관심사로 금세 채워졌다. 내 세계에서 순정만화잡지가 차지하는 비중은 나날이 줄

어들었다.

　게임CD를 부록으로 준 게임잡지들과 편지지와 엽서, 읽을 거리가 섞여 있던 「엠알케이」 같은 잡지들, 친구들과 좋아하는 연예인의 화보를 찢어 나눠 가질 수 있었던 온갖 연예잡지들, 엄마 아빠가 정기구독자였던 「씨네21」과 「한겨레21」 등을 거쳐 잡지와 맞닿은 내 세계는 차츰 패션잡지에 도달했다.

　서점 벽에 붙은 「밍크」 창간을 알리는 포스터를 보며 설레던 마음은 학교 앞 서점 문에 붙은 「보그 걸」 창간 기념 포스터를 보고 들뜨는 마음으로 자라났다. '걸(Girl)지'와 로컬 패션지가 늘고 만화를 좋아하는 10대 소녀들이 기본적으로 뷰티나 패션에 관심이 많다는 것을 깨달으면서, 1999년 창간한 「케이크」, 2000년 창간한 「주띠」는 각각 투명 파우더와 립글로스 세트를, 2002년 창간한 「슈가」는 스포티백을 부록으로 주기도 했다. 그러니 순정만화잡지에서 패션잡지로 건너간 것은 나에게도 썩 자연스러운 확장이기도 했다.

　'만화 키드'라는 표현을 쓰면서 다소 머쓱하다고 말한 것은 내가 몇 년 전 이직을 위한 자기소개서에 '잡지 키드'라는 표현을 써먹은 적이 있기 때문이다. 상황과 맥락에 따라 만화 키드도 되고 잡지 키드도 되다니, 아무리 공개적으로 올린 자소서가 아니라 해도 좀 염치가 없는 것 아닌가 싶다.

조금 변명을 하자면 "저를 돌아봤을 때 '잡지 키드' 이외의 정의는 내릴 수 없습니다"로 시작되는 자소서 중간에는 "부모님이 산 잡지가 아닌, 제가 처음으로 산 잡지는 열 살에 구입한 만화잡지였습니다"라는 표현이 등장한다. 그러니 만화 키드든 잡지 키드든 영 거짓말은 아닌 셈이다.

얼마 전 동생과 천안 집에 내려가면서 아주 오랜만에 지금까지도 나오고 있는 순정만화잡지 「파티」와 「이슈」를 사서 기차에 탔다. 이제 연재작가 이름 중에서 친숙한 건 3분의 1 정도뿐. 애독자 선물 코너와 심리 테스트가 있고 편집부 후기가 있으며 단행본 광고가 연재작 중간중간 껴 있는 구성은 20여 년 전과 크게 다르지 않았지만(세상에, 20여 년이라니!), 어른이 된 우리는 천안역에 도착하기도 전에 잡지 두 권을 훌렁훌렁 마지막 장까지 넘겨버렸다.

표지의 글자 크기로 어떤 작품이 지난달 애독자 엽서에서 가장 좋은 반응을 얻었는지 가늠하고, 좋아하는 작가의 만화가 이달 '권두 컬러 4P'를 차지했는지부터 시작해 맨 뒤의 단행본 광고까지 단 한 장도 빼놓지 않고 그달의 잡지 한 권을 한 장 한 장 읽고 넘겼던 시간들. 좋아하는 잡지가 나오는 날짜에 서점으로 달려가 잡지를 사서는 얼른 집으로 와 조심스레 포장을 뜯던 광경.

    어느덧 무심하게 넘겨버리게 된 페이지들 사이로 내가 한때 소중하게 여기던 것들을 잃어버렸다는 것 그리고 그 풍경이 손가락 사이로 흘러나가고 있었다는 사실조차 모른 채로 잃어버렸다는 것이 놀랍고 슬프다.

그 자체로 가장 많은 여자들의 이야기

잠시 영화 이야기를 해도 될까. 2015년 5월 개봉한 〈매드맥스: 분노의 도로〉는 내가 가장 많이 본 영화다. 영화관에서만 열여덟 번 본 것 같다. 서울에서 이 영화를 가장 오래 상영한 극장은 잠실 롯데월드타워에 있는 롯데시네마로 기억하는데, 덕분에 도통 갈 일 없던 잠실하고도 익숙해졌다. 한국 상영관에서 영화가 다 내려간 뒤에는 한국보다 개봉 시점이 늦었던 일본에 가서도 봤고, 블랙&크롬판 개봉이나 특별 상영 같은 이벤트가 있을 때면 '이 영화를 다시 큰 화면으로 볼 수 있다니!' 감격에 차 놓치지 않고 영화관에 가 앉아 있었다.

가끔은 생각했다. 영화 상영 스케줄에 맞춰 점심 식사와 외근, 퇴근 스케줄을 조절하는 내가 미친 건 아닐까? 잡지 마감 기간에 밤 열한 시쯤 퇴근하다가도 기분 전환이 필요하다는 이유로 기어코 집 근처 영화관에 가서 심야 상영으로 봤을 때 더 그런 생각을 한 것 같다.

상영관에 앉아 있으면 나와 비슷해 보이는 사람들이 늘 눈에 띄었다. 난해한 시간대에 혼자 와서 엔딩 크레딧이 다 올라갈 때쯤에야 비로소 자리를 뜨는 여자들. 〈매드맥스4〉의 한국 관객 수는 380만 명 정도였다. 북미에 이어 가장 큰 흥행을 거둔 국가가 한국이었다고 해도 수치만 보면 엄청난 흥행작은 아니다. 그런데도 꽤 오래 상영한 걸 보면 역시나 나 같은 충실한 팬들이 많았던 것 같다.

대체 나는 왜 그렇게까지 이 영화를 사랑한 걸까(조지 밀러 감독의 〈해피피트〉 시리즈를 좋아하긴 했다.) 이전 시리즈에 대한 사전 정보나 별다른 생각도 없이 개봉 2주차가 돼서야 보러 갔는데 영화가 끝난 후 받은 충격은 엄청났다. 어? 무슨 이런 영화가 다 있지? 밖으로 나오자마자 곧바로 스마트폰으로 검색을 했다. '매드맥스4 페미니즘.'

다채로운 여성 캐릭터 그리고 젖(milk)과 그린 플레이스(Land of Many Mothers)라는 상징이 너무나 노골적이었다. 한 팔이 잘린 퓨리오사(샤를리즈 테론)가 끝까지 영웅 위치를 점유하고, 맥스(톰 하디)와 눅스(니콜라스 홀트)가 훌륭한 조력자로 남는 것도 그랬다. 영화 속 여성 캐릭터들은 퓨리오사나 맥스 같은 영웅에게 의존하는 대신 능동적으로 자신이 그때그때 할 수 있는 힘을 보탰다. 모두 가냘프고, 어리고, 심지어 임신까지 했지만 "우리는 물건이 아니야(We are not things)"를 외치며 누구도 순순히 상황에 순응하지 않는 네 명의 브리더들(breeders), 브리더들이 탈출했다는 소식을 듣고 분노한 임모탄을 막아선 부인 미스 기디, 오토바이를 타고 등장한 노년의 부발리니 전사들까지. 이런 여성 캐릭터들이 이토록 잔뜩 등장하는 영화를 도통 본 적이 없었다.

그래서 계속 영화관에 갔다. 이 이상한 감정의 정체를 확인하고 싶어서. 어떤 날은 브리더들에게 이입했다. 어떤 날은 퓨리오사의 서사에 눈물을 흘렸다. 또 어떤 날은 부발리니의 강인함에 감동했다. 여성들끼리 단단하게 맞잡은 손, 정서적인 풍요로움, 공감 능력은 내게 매우 친근한 종류였다.

이 영화를 보면서 충격받은 다른 한 가지가 있다. 이토록 황폐하고 무질서한 세상을 배경으로 여성 캐릭터들이 쏟아져 나옴에도 여성을 성적으로 착취하는 장면이 등장하지 않는다는 점이다. 정황상 임모탄이 자신의 건강한 아이를 낳아줄 브리더들과 성관계를 맺었다는 것은 알 수 있지만(우엑…), 워보이들이 퓨리오사를 '여자'로 취급한다든지 가스타운이나 무기공장의 악역들이 젊고 아름다운 브리더들을 성적 대상으로 바라보는 어떤 장면도 나오지 않는다.

정보가 전혀 없는 상태에서 영화를 봤을 때 나는 퓨리오사의 차(워릭)에 올라탄 맥스가 그곳에 숨어 있던 브리더를 강간하거나 하다못해 '남자답게' 성적인 어떤 접근을 시도할 거라 생각했다. 끝까지 아무 일도 일어나지 않는 것을 보고 안도하면서도 당황했다. 왜 나는 그런 장면이 나올 거라 예상했을까. 비극이나 난폭함, 비인간성을 묘사하는 데 강간은 반드시 필요한 장치가 아닌데.

〈매드맥스4〉가 내게 안긴 충격과 정반대 지점에서 시간이 지날수록 더 화가 나는 영화가 있다. 하필 15세 이상 관람가로 개봉해 고등학생인 나조차 여과 없이 봐버린 강우석 감독의 〈실미도〉. 영화에는 실미도에서 탈영한 두 병사가 간호사를 강간하는 장면이 있다. 병사들이 비인간적인 환경에서 성욕까지 억압당했다는 상황을 꼭 그런 포르노그라피에 가까운 방식으로 보여줘야 했을까. 나는 당시 가장 인기 있는 영화를 보러 갔을 뿐인 고등학생이었다. 그 장면이 정말 트라우마가 됐다는 걸 나이를 먹고서 알았다. 얼마 전 식사 자리에서 이 장면 이야기를 꺼내니 그 자리에 있었던 여자 선배 후배 모두 "아, 진짜 싫어. 너무 끔찍하지" 하고 그 신을 기억한 반면, 남자 선배는 "그런 장면이 있었나?" 되물어 놀란 적이 있다.

명언 제조기 변영주 감독이 마침 〈방구석 1열〉에서 〈더킹〉과 〈내부자들〉을 다루며 이런 말을 남겼다. '한국 영화 속 남자들의 권력을 설명하는 장면에서 여자들이 술 시중 드는 장면이나 남자들의 칼부림에 죽어나가는 장면이 의미 없이 관습적으로 많이 쓰인다. 여성 등장 인물을 제대로 쓸 생각이 없다면, 차라리 아예 등장시키지 않는 편이 낫다.' 정말 천 번 만 번 동감한다.

그런데 〈매드맥스4〉에서 여성 캐릭터를 사용하는 방식에 놀라고 감탄할 필요도 없었다. 악당도 여자, 싸우는 사람도 여자, 서로 뭉쳐서 싸우는 것도 여자…, 다양한 여성 캐릭터가 등장하고 성격도 다채로운 여자들이 서사의 중심이 되는 이야기를 나는 어릴 때부터 이미 충분히 봐왔기 때문이다. 후후, 답은 모두 알고 있겠지. 바로 순정만화다. 주요 남녀 등장 인물의 성비가 비슷하거나 여자가 더 많고, 여주인공 일인칭 시점으로 펼쳐지는 경우가 다수인 창작물의 소중함을 나조차 잊고 있었다니.

말할 때마다 슬퍼지지만 한국 순정만화 시장의 몰락은 급격하게 이뤄졌다. 그리고 제대로 평가 받을 기회를 놓치면서 그 중요한 시기를 함께 견인한 대다수 독자들에게조차 만화는 현재진행형의 취미가 아니라 추억으로 남게 됐다. 좋아하는 마음은 어떤 면에서 잔인하다. 대가 없는 애정을 쏟는가 싶다가도 어느 순간 특별한 이유나 계기도 없이 느닷없이 그 마음을 철회해버리니까. 세상이 순정만화를 이야기하지 않는 동안 독자들의 기억 속에서도 순정만화라는 장르가 가진 근사한 부분과 장점들은 축소되고 폄하되고 사라졌다. 왜 설정이 과하거나 필요한 서사를 생략해 유치해진 작품을 가리킬 때 '순정만화 같다'는 비유가 쓰여야 할까? 순정만화가 정말 그런가? 뻔하고 조악한 드라마나 영화는 또 얼마나 많은데.

게임과 만화를 통틀어 선정적인 여성 캐릭터가 비평의 도마에 오를 때마다 '미소녀 전사물'도 으레 같은 비난을 받는다. 팬티가 보일 것 같은 미소녀 전사의 착장, 몸의 실루엣이 드러나는 변신 장면 등이 선정적이라는 것이다. 그러나 미소녀 전사물은 여자들을 위한 여자들의 이야기다. 게임 〈더 킹 오브 파이터〉에서 몇 안 되는 여자 캐릭터 마이가 가슴을 출렁이며 싸우고 대결에서 지면 교성을 지르는 것과는 다르다(나는 여자 캐릭터라는 이유만으로 마이를 좋아하긴 했다.)

선정성을 고민해서 세일러문이 변신하는 장면을 새하얗게 덧씌우고, 우라누스와 넵튠 사이의 동성애 코드를 지우는 것은 그걸 평가할 권위를 가졌던 당시의 어른들이다. 정작 〈세일러문〉을 열렬히 지지하는 소녀들은 전사들의 착장이 과도하게 섹시하다고 생각할 틈도 없다. 짧은 치마를 입고 싸우다가 세일러 전사의 팬티가 보이면 어쩌지, 저렇게 높은 힐을 신고 싸워도 되나 걱정하지도 않는다. 그보다는 갈수록 더 강해지고 우정과 의리로 똘똘 뭉친 전사들 이야기가 훨씬 중요하다.

세일러 전사들이 몇 안 되는 남자 캐릭터에게 의존적인가? 세일러문이 턱시도 가면에게 도움을 받는 건 시리즈 초반뿐이다. 후반부로 갈수록 강인한 새 전사들이 나오면서 존재감도 힘도 잃은 턱시도 가면을 세일러문과 꼬마 세일러문이 구출하기도 한다.

멸망한 지구를 은수정의 힘으로 재생시키고, 머나먼 미래에는 태양계를 넘어 우주를 지키는 우주 최강의 전사 세일러 코스모스로 거듭나는 네오퀸 세레티니! 세일러문은 90년대 소녀들의 '캡틴 마블'이었다. 리더와 부하의 관계가 아닌 전사들 사이의 믿음과 우정이 중요한 서사로 드러나는 것도 특별했다.

〈웨딩피치〉를 보면서 리모네 님과 캐빈을 제일 좋아하거나, 〈천사소녀 네티〉를 보면서 설록스의 존재에 신경을 쓴 여자애가 얼마나 될까? 차라리 '통통'이나 뽀송뽀송 고슴도치 귀여운 루비(주제가가 머릿속에서 자동재생되었다면 성공이다)에 신경을 썼으면 썼겠지. 이 이야기에서 가장 큰 힘을 가진 것도 여성이고, 사건을 해결할 실마리를 가진 것도 여성, 주인공 곁의 자매, 딸, 어머니, 친구와 동료다.

"디즈니 〈인어공주〉의 노래가 너무 좋은 건 사실이다. 하지만 남자 때문에 내 목소리를 포기한다고? 이건 아니지 않나? 나도 〈인어공주〉를 무척이나 좋아해서 쉬운 결정은 아니지만 그래도 내 딸에게는 보여주지 않을 것이다."

비슷한 맥락으로 몇 년 전 어느 토크쇼에서 키이라 나이틀리가 했던 이 말을 나는 완전하게 지지하기 어려웠다. 안데르센의 『인어공주』를 읽었을 때도 나는 어쨌든 자기 의지로 '선택'을 한다는 점에서 인어공주가 다른 공주들과 다르다고 생각했기 때문이다. 심지어 디즈니 〈인어공주〉에서 에리얼이 목소리와 다리를 바꾼 건 엄격한 아버지 트리톤의 세상에서 벗어나 육지로 가고 싶다는 열망 때문이다. 왕자는 그 육지의 구성 요소 중 하나일 뿐이다. 에리얼이 육지의 물건들로 꾸민 자기 비밀 장소에서 부르는 '파트 오브 유어 월드(Part of Your World)' 가사를 보라!

아니 그보다 〈인어공주〉를 보고 왕자 캐릭터가 그렇게 중요하다고 생각이나 할 수 있을까? 나중에는 에리얼의 목소리를 빼앗은 마녀 우르술라에게 세뇌당해 눈알이 팽글팽글 돌아가는 채로 멍청이처럼 걸어다니기나 할 뿐인데…. 솔직히 이 글을 쓰는 지금도 우르술라에 이어 에리얼의 충성스러운 친구 플렌더스와 세바스찬, 심지어 왕자가 키우던 강아지 이름 맥스까지 술술 떠올랐음에도 왕자의 이름이 도통 떠오르지 않아 고민스러웠다(에릭이다, 에릭!)

〈인어공주〉보다 딸에게 권하기 어려운 콘텐츠는 얼마든지 있다. 그중 지적하고 싶은 것은 지적인 여성 캐릭터를 다루는 방식이다. 종종 등장하는 학업 능력이 뛰어나거나 자기 분야에서 재능이 특출한 여성은 대부분 매력 없고 성격 이상한 조연 취급을 당한다. 그런 캐릭터가 주연이라면 여성이 예상 외의 허점을 보일 때 남자 등장인물은 그녀에게 반한다. 도대체 수많은 한국 드라마에서 멀쩡하게 일 잘하던 여자들은 왜 술만 마시면 진상이 되는 걸까. 남자 주인공 등에 업혀 집에 실려 가거나 횡설수설 술주정 끝에 한 줄기 진심 어린 눈물을 보이거나….

일본 소년만화는 한층 노골적이다. '딱딱하고 고리타분한' 느낌으로 묘사되는 여자 캐릭터가 흐트러진 모습을 보인 순간 남자 인물이 '앗 이 녀석 귀여운 걸?' 하고 느끼는 경우도 적지 않다. 그렇다. 똑 부러지는 여자애는 도무지 인기가 없다. 지적이고 능력 있는 여자 캐릭터가 그 특성을 자연스럽게 유지하면서 매력적일 수 있다는 것, 그 특성 자체를 존중하고 사랑하는 남자들도 있다는 것, 순정만화가 없었더라면 나는 이런 것들을 어디에서 알 수 있었을까.

권교정은 학원물, SF, 판타지, 추리 등 다양한 세계를 능숙하게 소화하는 작가다. 여러 면에서 정말 독보적이지만 10대의 나에게 가장 와닿은 부분은 역시 남녀 캐릭터의 대등함이었다. 성별 고정관념에 놀라울 정도로 얽매이지 않고, 각자의 개성을 존중하며, 서로 헌신적인 남녀 캐릭터들…. 수학교육과 출신으로 알려진 프로필로 추측하건대 권교정 작가 자신도 공부를 좋아하는 모범생이 아니었을까?

무릎까지 오는 헐렁한 교복 치마를 입고 학업에 충실한 커트머리 모범생들. 학원물 만화에서는 물론이고 현실에서도 별 인기가 없는 권교정 만화의 여주인공들에게 나는 꽤 동질감을 느꼈다. 춤 잘 추는 날라리 은재영에게 직진으로 다가갈 수 있는 솔직함을 가진 『정말! 진짜!』의 유진, 순둥이 같지만 은근히 강단 있는 『어색해도 괜찮아』의 긍하 그리고 긍하의 그런 면을 알아보는 인기남 강이의 대등하고 담백한 관계가 좋았다. "자기 내부의 나침반 같은 것이 반응해버려서 다른 길은 돌아볼 여지 없는, 절대적인 방향 감각 같은 거랄까. 그래서 그런 것이 있는 사람은 헤매지 않지"라고 말하는 긍하, 그런 긍하를 존중하는 눈빛으로 바라보던 강이. 눈에 띄게 잘생긴 남자 주인공과 그에 비해 평범한 여자 주인공이라는 설정은 전형적이다. 하지만 남자 주인공이 여자 주인공을 좋아하게 되는 지점이 확고한 자기 세계나 지적인 면모를 발견한 순간이라는 점이 나는 몹시 마음에 들었던 것이다.

이런 설정은 더 웅장한 대사와 비극적 배경이 마련된 시대물에서도 볼 수 있다. 가장 처음 읽은 권교정 작가의 작품이자 가장 소중한 작품인 『헬무트』도 마찬가지다. 만화는 마녀사냥이 횡행하고 종교가 정치에 깊이 관여한 13세기 중반 독일, 요정과 인간이 마지막으로 공존한 시기를 그린다. 주인공 율겐은 여장을 해도 아무도 알아채지 못할 정도로 왜소하고 소년 같은 외모로 그려진다. 율겐의 약혼자 이름갈트는 율겐보다 지위가 높은 영주의 딸이자 그 시대에 보기 드물게 책을 좋아하는 인물이다. 영리한 이름갈트는 영주의 딸로서 혜택을 누리고 있지만 신분 제도가 가진 모순 역시 인지하고 있다. 새벽부터 죽도록 일하고도 굶주리는 사람들, 일이 하도 고달파 그게 얼마나 부당한지 의문조차 갖지 못하는 사람들이 있는 반면, 입 다물고 이 부조리를 모른 척하기만 하면 이

대로 살아갈 수 있는 자신 같은 이들이 있음을 안다.

이름갈트는 편하게 옷을 입고 바위 위나 나무 아래 같은 데서 책 읽는 것을 좋아했다. 덕분에 지금도 나는 돗자리를 갖고 다니다 어딘가에 벌러덩 누울 때면 이름갈트가 말한 '등 위로 서늘하게 올라오는 기분 좋은 기운'이 무엇일지 떠올리고 만다.

『청년 데트의 모험』의 페라트는 어떤가. 주근깨가 난 얼굴에 커다란 화상 흉터가 있지만 그 강인함과 지성 앞에서 그런 것쯤은 사랑에 빠지는 데 조금도 문제가 되지 않는다.

비극적인 상황 속에서 여자들의 강인함이 피어나는 만화라면 김혜린의 만화 또한 빼놓을 수 없다. 자신이 지켜야 할 것이 무엇인지 명확하게 알고, 납치, 정략결혼, 강간 같은 비참한 상황 속에서도 존엄성을 잃지 않으려 끝없이 노력하는 여자들. 12권으로 완결된 『불의 검』에는 수많은 여인이 등장한다. 작가는 이 이야기가 '영웅 판타지이자 활달한 야만의 노래이며, 동시에 여인의 이야기임을 희망한다'는 것을 시작점에 부친다.

부족 간의 영토 싸움이 끊이지 않던, 청동기에서 철기시대로 넘어가던 시기를 배경으로 펼쳐지는 영웅 가라한 아사(산마로)와 평범한 여성(아라)의 사랑 이야기. 수많은 사극 드라마에서 익숙하게 본 이 설정은 도입부터 진한 비극의 냄새를 풍긴다. 두 사람의 짧은 행복은 아라가 아무르족의 적수인 카르마키족 귀족 수하이 바토르에게 납치되면서 끝난다. 평범한 산골 처녀처럼 보였던 아라가 강인함을 드러내는 건 그다음부터다. 산마로가 살해당했다고 믿고 모든 걸 잃었다고 생각한 아라는 '불의 검'을 빚는 야장일에서 삶의 의미를 찾고 결국 아무르족에게 불칼을 쥐게 함으로써 카르마키족과 대적할 수 있게 한다.

그러나 작가는 선한 우리 편과 악한 상대편이라는 단순한 이분법 구도를 펼치지 않는다. 부족의 지도자, 전사들보다 더 치열하게 일족의 명운을 쥐고 싸우는 두 신녀를 보면 여성의 강인함을 그려내려는 작가의 의지를 특히나 느낄 수 있다. 같은 신녀지만 아무르족의 신녀 소서노는 한없이 정결하고 신성한 존재인 반면, 카르마키족의 신녀 카라는 음탕한 '마녀'로 등장한다. 그리고 최후의 결전을 마친 소서노와 카라는 끝내 친구 비슷한 관계로 남는다. 남자들의 세상에서 두 여인은 서로를 가장 잘 이해할 수 있는 유일한 대상이기도 한 것이다.

작가 홈페이지의 등장 인물 설명을 보면 선악을 넘나들며 여성 캐릭터의 강함을 표현하고자 한 김혜린 작가의 비범함이 한층 또렷하게 드러난다.

"카라 식으로 몇 가지 표현을 해보자면 여성의 야심이나 야망, 기백에 대해 세상이 기껏 붙여주는 것은 여장부니 여걸이니 하는 웃기는 이름이다. 여성의 권세는 치맛바람이 되며 여성의 정열은 드셈, 여성의 비판은 건방짐, 여성의 노여움은 발끈함, 여성의 지적 욕구는 지적 허영심이 된다. 남성의 눈물은 눈물 단지에 모실 만큼 장엄하지만 여성의 눈물은 약자의 교활한 무기일 뿐, 청승맞은 소금물이다."

아라를 납치한 수하이 바토르의 생모 역시 아라처럼 카르마키 군에 납치돼 끌려온 여자였다. 그녀는 아들에게 '엄마는 갈 곳이 없어. 카르마키의 여자로 살던 나를 엄마의 혈족들은 용서하지 않을 거야'라며 속내를 털어놓는다. 가까스로 고향으로 돌아온 아라 역시 '적에게 더럽혀진 여자'라는 따가운 시선을 견뎌야 한다. 전쟁의 야만에서 살아남았음에도 '더러운 년' '화냥년' 같은 멸칭으로 비난받은 수많은 실제 여성들의 삶이 떠오르지 않을 수 없다. 노벨문학상 수상 작가 스베틀라나 알렉시예비치가 2차대전에

참전한 소비에트 여군들의 고백을 적은 책의 제목처럼, 전쟁은 결코 여자의 얼굴을 하지 않았으니까.

권교정, 김혜린의 만화 속 여자 캐릭터들의 강인함이 1세대 페미니즘 운동이 활발했던 90년대 한국의 씩씩한 낙관성을 담고 있다면, 여성혐오의 층위가 갈수록 세밀해지는 지금, 2010년대 작품인 『오오쿠』(요시나가 후미)는 다른 맥락에서 매우 흥미롭다.

현재 16권까지 출간된 『오오쿠』의 배경은 17세기 에도 시대, 무려 '여자 쇼군'의 시대다. 젊은 남성만 노리는 '적면포창'이라는 질병이 창궐해 남성 인구가 여성 인구의 4분의 1까지 감소하고, '힘은 세지만 몸은 약한' 남자 대신 여자가 정치와 생계의 최전선에 섰다는 설정이다. "본디 남자란 여자가 없으면 이 세상에 태어나지도 못하는 존재들 아닌가!"라고 호통치고, 사내들이 여자 쇼군의 측실이 되려고 서로 질투하며, 문벌과 기량 중에서도 남성의 미모가 우선시된다.

남녀의 권력이 뒤바뀐 짜릿한 전복감이 계속될 것 같지만, 꼭 그렇지도 않다. 출산과 육아를 포함한 가사도, 논밭 일도, 이 세상 노동이란 노동은 전부 여자들이 감당하게 된 것이다. 여자 쇼군들은 정무를 보는 것뿐만 아니라 임신과 출산, 유산을 반복하다가 대부분 이른 나이에 생을 마감한다. 유곽의 사내를 사서라도 아이를 갖고 싶어 하는 가난하고 평범한 여자들은 여자 지도자들을 '마녀' '할망구' 같은 멸칭으로 부르며 쉽게 혐오한다. 일대일 완력은 여전히 건강한 남성이 우세하므로 지위와 상관없이 강간과 살해 협박을 당하는 것도 마찬가지다. 어쩐지 익숙한 풍경 아닌지?

물론 뒤집어진 권력의 무게추가 선사하는 쾌감이 아예 없지는 않다. 노년의 5대 쇼군 츠나요시가 장차 8대 쇼군이 될 어린 도쿠가와 요시무네와 나누는 대화 같은 것이 그렇다. 츠나요시가 '측실을 둔다 해도 남자의 마음을 동하게 하려면 아름답게 꾸밀 필요가 있지 않겠냐'고 묻자 요시무네는 말한다. 자신은 남자의 생김새에 관심이 없다고, 그러니 그런 자신 같은 여자를 좋아하는 남자도 있지 않겠냐고, 그런 걱정에 마음을 써본 적이 없다고.

요시무네의 이 답변이 지금의 탈코르셋 운동과도 겹쳐 보인다면 지나치게 이입한 것일까? 적면포창의 기세가 꺾여 다시 남자들의 수가 늘어나는 13권쯤에 와서는 이런 대사도 등장한다. "전에는 남자라는 이유만으로 정치에서 경원시되고 종마 취급받아온 유능한 남자들이 있었겠지요." 결국 타고난 성별로 인간을 판단하는 것은 사회 통념의 문제라는 것을 여실히 보여주는 셈이다.

　무엇보다 『오오쿠』에 등장하는 수많은 여성은 평범하다. 때로는 무능하고 탐욕스럽고 사악하며 추하다. 인간의 못나고 일그러진 면, 우리가 봐온 수많은 정치극이나 사극 속에서 남성 주조연들이 가져갔던 그 역할까지 여자들이 자연스레 차지했다는 게 이 만화의 가장 특별하고 놀라운 점 아닐까.

　최근 많은 여성 소비자가 여자들의 이야기에 환호하는 심리는 '남자가 나오는 이야기가 꼴보기 싫다'는 것보다는 '여자 캐릭터의 고유성을 존중하지 않는 남자들 이야기를 더 보고 싶지 않다'에 가까울 것이다. 이야기 주인공의 성별이 남성이긴 하지만 나를 포함한 인간 보편의 이야기일 것이라 믿고 그토록 수많은 소설과 영화를 열심히 보고 공감했는데, 사실 남성 창작자들은 여성 독자인 나를 인간의 범주에 넣지 않았을 수도 있다는 것을 알았을 때의 충격.

　오랫동안 『호밀밭의 파수꾼』은 내가 가장 좋아한 소설 중 하나였다. 평온한 환경 속에서 삐딱한 괴짜로 자란, 감수성이 남다른 주인공 홀든에 10대인 나를 이입했다. 그러나 정작 이야기의 창조자인 샐린저의 세계에서 '동양의 작은 나라'에 사는 '황인종'

인 '여자'는 엑스트라로도 등장하지 않았을 것이며, 어쩌면 홀든을 이해할 수 있는 타깃 독자로서도 고려되지 않았을 것이라는 사실을 깨닫고, 소설을 향한 나의 마음은 싸늘해졌다.

〈매드맥스4〉가 개봉했을 무렵 트위터에서 이 영화의 팬으로 가장 잘 알려진 사람은 바로 천계영 작가였다. 작가가 계정을 한 번 닫았던 탓에 정확한 기록은 남지 않았지만 '매드맥스 전도사'로서 수십 번에 달하는 관람기와 감상 포인트, 영화에 대한 애정을 몇 달간 꾸준히 트위터에 올린 것으로 기억한다.

그로부터 1년 뒤쯤, 여행 중에 머문 에어비앤비 숙소에서 천계영 작가의 대표작 『오디션』을 책장에서 발견하고 오랜만에 1권부터 천천히 읽었다. 그리고 놀랐다. 국철과 장달봉, 류미끼와 황보래용으로 기억되는 주인공 재활용밴드만큼이나 이들 옆의 부옥과 명자, 두 여성 캐릭터의 개성이 또렷하게 보였기 때문이다. 아니 이렇게 재밌는 캐릭터들이었다고?

형사의 상징인 '바바리'에 집착하는 형사 부옥, 패션 감각이 꽤 이상한 가난한 상속자 명자. 177센티미터에 달하는 훤칠한 키와 보이시한 매력으로 여고시절 인기를 끈 두 사람이 성인이 되어 재회한다. 그리고 재활용밴드의 오디션 우승이라는 목표 아래 동

고동락하는 과정에서 두 사람의 관계도 다이내믹하게 변화한다. 완결편인 10권의 마지막에서 모든 등장 인물이 부옥의 결혼식에 참석한다. 축제 같은 결혼식, 여름에도 늘 트렌치코트를 입고 싶다고 노래를 불렀던 부옥을 위해 명자가 '깨끼 바바리(모시 바바리)'를 잊지 않고 선물하는 장면은 감동적이기까지 하다. 지금 익숙한 단어로 표현하자면 두 사람의 관계는 완벽한 걸크러시, 완벽한 시스터후드다.

2019년 봄 천계영 작가는 손가락의 퇴행성 관절염이 악화되자 연재작 〈좋아하면 울리는〉의 작업을 음성 인식 방식으로 이어가겠다고 발표했다. 그리고 고양이 시즈니와의 일상과 함께 재개한 작가님 트위터 계정에 얼마 전 『오디션』 1화의 표지 스케치가 업로드됐다. 박부옥과 송명자 두 사람이 마주보고 있는 만화 원고지 위로, 이런 멘트가 곁들여졌다.

"이 표지 그릴 때 아직도 생각나요. 그래, 이 만화는 여자 둘로 시작하는 거야. 멋진 여자 둘로"

순정만화를 다시 펼치면 그때는 미처 알아보지 못했던 다양한 여성 캐릭터들의 면면이 새롭게 보일지도 모른다. 우리조차 잊고 있었던, 그때는 그 특별한 반짝임을 알아채지 못했던 수많은 여자들의 이야기가.

대여점과 함께, 만화가 사라졌다

갑자기 고백을 하자면 이 책을 쓰면서 인터넷 자료를 엄청나게 뒤지고 있다. 행여 내가 기억하고 있는 연도가 틀리지는 않았는지, 내가 어떤 연재작을 빼먹은 건 아닌지, 작가의 작품 순서나 주인공 이름을 헷갈린 건 아닌지 끝없이 의심이 든다. 어떤 작가 이야기를 건너뛰는 것에 죄책감을 느끼기도 한다. '아니, 이분 이야기를 안 해도 될까….'

알고 있다. 아무리 노력해도 완벽할 수는 없다. 5년 전쯤 한 출판사와 출판 아이템을 고민하다가 '한국 순정만화 아카이브'를 만들고 싶다고 제안서를 보낸 적이 있다. 거절의 답변은 이랬다.

"너무 협소한 독자층을 겨냥한 책이 되지 않을까요. 다만 이런 제안을 하셨다는 점에서 에디터님이 순정만화를 많이 좋아하신다는 건 알겠습니다."

포인트는 조금 달랐지만 결국 그 편집자의 판단은 백 번 천 번 옳았다. 아카이빙을 한다면 중요한 무언가를 빼먹는 것이 치명적인 실수가 되고 말 테니까. 10대의 나와 30대가 된 나의 취향은 당연히 다르다. 그럼에도 한때는 좋아했으나 지금은 큰 감흥이 없어 언급하지 않게 되는 작가나 작품을 생각할 때는 약간 마음이 아픈 것은 어쩔 수 없다.

클램프(CLAMP)도 그중 하나다. 국내에 애니메

이션으로 방영된 〈마법기사 레이어스〉와 〈카드캡터 체리〉 등으로 잘 알려진 여성 4인의 창작 집단인데 이들의 『성전』과 『동경바빌론』은 특히나 내가 경전처럼 모시며 읽고 또 읽은 작품이다.

"벚꽃이 붉은 이유는… 그 아래 있는 시체의 피를 빨아들이기 때문이지" 같은 비장한 정서로 휘감긴 『동경바빌론』. 그런데 끝내준다고 생각한 『동경바빌론』의 미스터리한 사건들은 20대가 되어 다시 펼쳐 보니 어이없을 정도로 단순했다. 『성전』도 마찬가지다. '대체 왜 죽는 거야? 이렇게까지 억지스럽게 잔인한 설정을 할 필요가…?' 하는 생각이 들 만큼 극적인 클리셰 범벅이었다.

그러나 한때 이들을 향한 나와 두루의 사랑은 '찐'이었다. 애니메이션이 방영되기에 앞서 『카드캡터 체리』는 「밍크」에 연재됐고, 우리는 「밍크」에서 주최한 열혈 팬 콘테스트에서 2위를 차지해 그간 모아온 클램프 컬렉션이 「밍크」 앞 페이지에 게재되는 영광도 맛봤다(1위는 당시 『스톰』을 연재 중이던 강은영 작가의 팬이 차지했는데 그분은 실제로 작가와 만나 기념 촬영까지 한 것으로 기억한다. 부럽도다!)

클램프 사랑을 공개적으로 들킨 적은 이때 뿐만이 아니다. 중학교 1학년 때 참여한 성당 수련회에서

'나의 보물 1호'를 묻는 질문에 나는 『카드캡터 체리』 자료들이 너무 소중하다고 당당하게 대답했다. 그러나 내 순서 뒤로 다른 사람들이 보물 1호로 꼽은 것은 반려견, 가족, 친구 그리고 하느님 등이었고 '『카드캡터 체리』 컬렉션이 가장 소중합니다'라는 내 답변이 뭔가 잘못됐다는 것을 그때도 알 수 있었다(아니 이렇게까지 클램프 이야기를 길게 할 생각은 아니었는데 말이 너무 길어졌다.) 물론 나이를 먹고 다시 봤을 때 한층 절절하게 이해하게 된 작품도 있으니 반드시 마이너스라고만 할 수는 없을 것이다.

 그리고 나는 내 기억에 도통 자신이 없다. 순정만화에 빠지기 전까지 집에 만화책이라고는 '먼 나라 이웃 나라' 시리즈밖에 없었다고 생각했는데 어느 날 부모님 댁에서 『달려라 하니』(이진주) 단행본을 발견했을 때의 심경을 어떻게 서술해야 할까. 하도 읽어 표지도 찢겨나간 맨 첫 장에는 내 이름과 일곱 살 때 살던 집 주소, 전화번호까지 적혀 있는데. 이 『달려라 하니』를 일요일 오후 KBS1에서 방영한 애니메이션으로만 기억할 뻔했다니. 행여나 범죄의 중요한 목격자가 되더라도 용의자의 인상 착의 따위 제대로 설명하긴 그른 것 같다.

 이처럼 스스로에 대한 의심이 늘어가는 가운데

그래도 한 가지는 확실하게 기억한다. 한국 대여점 문화의 흥망성쇠다. 대여점은 내가 초등학교 고학년이던 무렵부터 서서히 늘더니 중학교 시절에는 이렇게 많아져도 되나 싶을 정도로 흥하다가 몇 년 만에 속수무책 무너져 고2 때는 틈틈이 공판장에 가서 망한 대여점에서 쏟아져 나온 만화책들을 사 모으는 작업을 수행할 수준이었다.

당시 기사들에 따르면 1997년 IMF 외환위기를 기점으로 비교적 소자본으로 창업할 수 있었던 대여점 사업에 많은 사람이 뛰어들었고, 2000년 청소년보호법이 시행되면서 만화 시장 자체가 직격탄을 맞자 안 그래도 과열 경쟁에 시달린 대여점들이 쇠락하고 말았다고 하니, 이 경우에는 다행히 사료와 기억이 어느 정도 맞물리는 셈이다.

내가 처음 대여점에 입성한 건 1996년이었다. 그해에 나는 초등학교 4학년이었고 우리 집은 지선이를 만난 충남 서산 옆 동네, 그러나 확실하게 더 시골인 태안으로 이사를 한다. 그리고 정말 놀랍게도 태안의 아이들은 서산 아이들과 비교가 안 되게 거칠었다. 전학 첫날, 내게 말을 걸어준 여자애는 모든 이야기에 '씨발'과 '새끼'를 섞어 신나게 일방적인 대화를 이어갔고 그때까지 이런 단어를 쓰는 어린이를 본

적이 없었던 나는 당황했다. 수업 끝나고 청소 시간에 멍하니 서 있다가 난생처음 '×년아 비켜'라는 소리를 듣고 충격에 빠지기도 했다. 아파트 단지라는 커뮤니티가 부재하고 부모 모두 아이를 돌보기에는 너무 바쁘다면, 아이들에게 가장 가까운 롤 모델이자 '어른'은 기껏해야 한두 살 많은 언니 오빠다.

그렇게 태안에서 가장 번화한 '읍내'에 유일하게 존재한 초등학교에서 나 또한 좀더 반항적인 문화에 눈뜨게 된다. 반항적이라고 해봤자 학교 끝나고 읍내 서점 두 군데를 순회하며 엄마 아빠가 절대 사주지 않을 『공포특급』, 『나홀로 병원에』 유의 책을 읽으며 배회하거나, 당시에는 차부(車部)라고 부른 태안 터미널 앞 팬시점을 순회하고서 집에 돌아오는 시간을 조금 늦추는 정도였지만.

대여점은 확실히 신문물이었다. 만화 대여점이라니! 중학생 언니를 둔 친구들은 그 문화의 선구자나 다름없었다. 그들은 세상에 이런 공간이 존재한다는 것조차 모르고 오로지 대로를 따라 학교와 집을 오가던 나를 자연스레 뒷골목 세계로 인도했다. 가입비 천 원을 내고 개인정보를 입력하면 회원 카드를 발급해줬고, 나는 문구점에서 산 2500원짜리 비닐 지갑에 회원 카드를 자랑스레 꽂아 넣었다.

아버지가 원양어선 선원이셨던 것으로 기억하는 친구 지은이네 집은 오후 내내 아무도 없기 일쑤였다. 그 집에서 나는 지은이네 언니가 빌려 놓고 연체 중이었던 한승원의 『프린세스』를 처음 만났다. 『빅토리 비키』의 작가가 이렇게 심각한 역사 로맨스를 그리고 있었다니. 현재 31권까지 나온 『프린세스』는 당시에도 엄청난 대작의 기운을 뿜었다. 「나나」와 「밍크」의 작가들이 이런 만화도 그리고 있었구나.

로틴(low-teen) 대상인 「밍크」와는 정반대 콘셉트로 「화이트」는 성인을 타깃으로 삼은 순정만화잡지였다. 여기엔 『엘리오와 이베트』(원수연), 『You』(한승원) 같은 작품이 연재되었고, 나는 신기한 마음으로 이 만화들을 빌려보곤 했다. 초등학교 4학년이 보기에 썩 재미있는 이야기는 아니었지만, 어른들의 가슴 아픈 사랑이라는 게 무엇인지는 짐작할 수 있었다.

보는 순간 마음이 사로잡힌 책도 있었다. 역시나 언니가 있는 다솜이네 집에는 당시 갓 데뷔한 H.O.T.가 잔뜩 실린 연예잡지뿐 아니라 「밍크」의 언니 격인 격주간지 「윙크」가 있었다. 그리고 어두컴컴한 다솜이네 집 거실에서 천계영이라는 낯선 작가의 첫 번째 단편집 『컴백홈(Come Back Home)』을 발견한다.

스크린톤의 아날로그적인 질감과는 달리 컴퓨터그래픽으로 매끄럽게 표현된 눈동자, 피부 톤 그리고 배경. 연체동물처럼 팔다리가 긴 남다른 비율의 캐릭터들. 「윙크」 공모전으로 데뷔한 천계영 작가는 이후 『언플러그드 보이』 단행본 단 두 권으로 최고 스타 작가 반열에 오른다(는 것을 이 책을 읽는 사람이라면 누구나 알고 있을 것이다.) 1997년 『언플러그드 보이』는 유래 없는 인기를 누렸고, 그 무렵 나는 하곳길에 태안여중 옆 팬시점에 들러 풍선껌을 부는 현겸이와 지율이가 그려진 스티커, 노트를 구경하곤 했다. 지금도 성이 반씨인 사람을 보면 "엄마가 반 고흐를 너무 좋아해서 아이 이름을 반 고흐로 지으려고 반씨 성을 가진 남자와 결혼했다"는 지율이 친구이자 반장인 고흐의 이야기가 가장 먼저 떠오른다.

만화를 보는 것에 관대했던 엄마도 이때는 내가 대여점 만화책을 자꾸 빌려오는 것을 좀 걱정하는 것 같았다. 서점과 도서관에 꽂힌 만화책들과 달리 대여점 만화책들은 엄마에게도 미지의 영역이었을 테니까. 하지만 정작 당시 내가 본 만화책들은 대여점에서 빌려온 것만이 전부가 아니었다. '성인만화'가 출판 장르로 살아 있던 90년대 중반, 나는 엄마 아빠가 거실 책장 서랍에 숨겨둔 성인 만화까지 보고 있었다는 사실. 일본 성인만화잡지 「모닝」에 연재된 황미나 작가의 『윤희』를 비롯해서 『황토빛 이야기』(김동화), 『며느리밥풀꽃에 대한 보고서』(이현세), 『누들누드』(양영순) 등을 조심스럽게 보고 시치미를 뗐다. 혹시 엄마 아빠는 알고도 모른 척한 걸까?

이렇게 나는 오타쿠로 착실하게 자라난다. 마침 1998년 4월, 영화, 비디오, 만화에 한해 일본 대중문화가 정식으로 개방되면서 일본 애니메이션과 문화를 분석하는 책도 꾸준히 나오는 시점이었다. 그런 책에서 발굴한 「마가레또」, 「나카요시」, 「하나또 유메」 같은 일본 순정만화잡지 이름은 어찌나 비밀스러운 정보처럼 느껴졌던지. 지금은 사라진 지 오래인 PC통신 넷츠고에서 세일러문 동호회 활동도 열심히 했으니, 지금 시대였다면 나는 틀림없이 트위터의 '애니프사'로 10대 시절을 소진하지 않았을까? 문득 윌 스미스가 아들 제이든 스미스와 토크 프로그램에 출연해 한 말이 생각난다.

"난 열네 살 때 멍청이(dumb)였어요. 그런데 제가 열네 살 때는 트위터도 페이스북도 없었죠. 은밀하게 멍청할 수 있었던 겁니다."

나로서도 그나마 다행인 건 그 시절에는 오타쿠라는 단어를 아는 이들조차 오타쿠뿐이었다는 점이다. 게다가 만화 좀 많이 본다고 이상한 취급을 당하기에는 절대다수의 아이들이 만화를 보고 있었다. 요즘 아이들이 웹툰을 보는 게 일상인 것처럼.

1998년, 태안을 떠나 충남에서 가장 큰 도시 천안에 정착할 무렵에는 아파트 상가마다 대여점이 있을 정도였다. 그리고 여중을 다니는 여중생이란 어떤 존재들인가. 초등학교 시절에 비해 용돈과 자율성을 보장받고, 감수성이 풍부하며, 여자애들끼리의 그룹에 합류하는 게 가장 중요해진다. 그런 여중생들에게 각자가 대여점에서 빌려 온 만화책을 돌려 보는 건 하루의 중요한 이슈였다. 대여는 공정하고 신중하게 이루어져야 했다.

신작 발굴보다 중요한 건 스테디셀러를 확보하는 일이었다. 보통 대여 기간이 1박 2일밖에 되지 않는 만화책은 자습 시간과 쉬는 시간, 점심 시간을 최대한 활용한다고 쳐도 기껏해야 하루에 서너 명밖에 돌려 보지 못했고, 알다시피 만화책은 봤던 걸 또 봐도 재미있는 법이다.

그중 시대를 풍미한 작품을 고르자면 단연 『꽃보다 남자』다. 일본 대중문화가 개방됐다고는 하지만 아직 정식으로 만화가 수입되기 전이었으므로 우리는 한글 이름을 한 주인공들이 나오는 해적판을 봐야

했다. 어찌나 인기가 좋았던지 해적판도 여러 곳에서 출판해 어느 대여점에서 빌리느냐에 따라 만화 제목이 다를 정도였다. 어떤 애가 빌려왔을 때는 『오렌지 보이』, 우리 동네 대여점에 있던 판본의 제목은 『우정은 NO, 사랑은 YES!』였다.

『꽃보다 남자』의 츠쿠시처럼 씩씩한 여자애의 복수극이 인기였던 걸까. 『피치걸』의 인기는 그야말로 센세이셔널했다. 청순한 외모와 달리 파격적인 악녀 사에, 겉모습은 날라리 같지만 알고 보면 수영선수라 피부가 까맣고 머리가 탈색됐을 뿐인 정의로운 주인공 모모가 대결 구도를 펼치는 만화였다.

김아중이 주연한 영화로 만들어진 『미녀는 괴로워』, 『타로 이야기』, 『OL 진상보고서』 같은 코믹물은 낄낄대면서 함께 보기에 좋았다. 순진한 여주인공을 쾌락의 세계로 이끄는 19금 만화 『동경 줄리엣』과 『섹시 보이』를 밝은 교실에서 함께 돌려 보면 제법 어른스러워진 기분도 들었다. 중학교 2학년들이 가득한 교실에서 실제로 남자 친구가 있거나 하다못해 '썸남'이라도 있는 애들은 한 손으로 꼽을 만큼 적었지만 말이다.

나는 집에 있는 만화책 또한 부지런히 학교로 날랐다(처음엔 권당 백 원을 받는 대여 정책을 펼쳤으나 고객님들 원성이 빗발쳐 소수를 대상으로 환심을 베푸는 쪽으로 방향을 바꿨다.) 『비천무』(김혜린)를 빌려 간 친구가 만화를 보며 하도 울어 다음 날 퉁퉁 부은 눈으로 책을 돌려줬을 때의 뿌듯함이 아직도 기억 난다.

일본 만화가 정식으로 수입되면서 한국 순정만화잡지에 일본 만화가 연재되는 일 역시 흔해졌다. 그리고 잡지는 순정만화 팬들 사이에서 조금씩 권위를 잃어갔다. 대여점에 가면 이미 완결됐거나 차차 다음 권이 발행될 열 권, 스무 권에 달하는 대작들, 만화 왕국이라는 일본에서 이미 검증 받은 인기 만화들이 기다리고 있는데 왜 아니었겠는가.

일본 단행본 공세만이 문제는 아니었을 것이다. 만화잡지에서 주최한 공모전으로 데뷔한 뒤 잡지에 연재하며 이름을 알리고 단행본을 내는 것이 당연한 수순이었다면, 반대로 대여점용 단행본으로 좋은 반응을 얻은 작가들이 만화잡지로 유입되기도 했다. 지금까지도 활발하게 활동하고 있는 이시영 작가나 이상은 작가, 신지상·지오 콤비의 이름을 내가 맨 처음 알게 된 곳도 대여점이었다. 우리 중학교에서는 조은하, 최안나 작가의 『나는 사슴이다』가 그렇게 발견돼 엄청난 인기를 끌었는데 다른 학교에서는 어땠을지.

모두가 쉬는 시간에 만화책을 돌려 보던 시절이 있었다. 그러나 한때 모두가 공유했던 문화였음에도 나이가 든 후 우리는 더 이상 만화 이야기를 하지 않는다. 어쩌다 이야기를 꺼내도 "아, 나도 그때 그거 봤었는데" 하고 막연한 이름 몇 개만 언급되다가 이야기는 소강되고 만다.

미디어에서 순정만화를 회고할 만한 자리나 발언권을 주지 않았기 때문이기도 할 것이다. 그런데 무엇보다 우리 또래 대부분이 만화를 대여점을 통해 일회성으로 '빌려 보는' 것만으로도 만족했기 때문은 아닐까. 본디 영화관까지 가서 본 영화, 몇 번이고 CD플레이어에 넣어 들은 가수에게 조금 더 애정이 깊게 남는 법이거늘. 정작 대여점이 가장 흥했던 그 시기, 모두가 만화를 본 그 시기에조차 내가 자주 들은 이야기도 비슷한 맥락이었다.

"만화책을 돈 주고 사? 돈 아깝게 왜?"

그때의 친구들을 비난할 생각은 없다. 20년이 지난 지금도 누가 열심히 만든 콘텐츠를 돈을 내고 이용해야 한다는 것, 특히 만화를 돈 내고 본다는 것에 거부감을 가진 사람들이 여전히 많으니 말이다.

그러나 어린 친구들이 만화를 사랑한다며 마음껏 만화를 빌려보던 그때도 작가들 사정은 달랐던 것 같다. 양여진 작가는 연재 중단을 거듭 겪으며 일찌 감치 만화가로서 절필을 선언했는데 그가 인터넷에 남긴 글은 당시 상황을 잘 보여준다.

"3500원짜리 만화책 한 권을 팔면 출판사에게 300원, 작가에게 300원 이익이 납니다. 나머지는 유통비와 제작비. 시내의 만화 전문 서점에서 모든 단행본을 20% 세일된 가격에 살 수 있는 걸 보면 생산 측이 낼 수 있는 이익이 그다지 크지 않다는 걸 알 수 있을 겁니다. 자, 그럼 이 책을 2800원에 사서 대여를 하는 대여점 주인은 얼마를 벌게 될까요? 대여료는 400~600원 정도지요? 곱하기 독자 수입니다. 책 한 권을 가지고 대여점 주인이 작가보다 많이 벌 것은 자명합니다."

그토록 많았던 대여점들 또한 거짓말처럼 사라졌고 이제 종이 잡지에 연재되는 만화는 만화 시장의 아주 일부분을 차지한다. 다행이라 해야 할지 이제는 포털사이트에 연재되는 만화를 선결제해서 미리 보거나, 유료 웹툰 플랫폼을 이용하는 것이 차츰 익숙한 풍경이 되어가고 있다.

이제 나도 '다른 건 몰라도 만화는 종이책으로 봐야지!'라고 생각했던 고집을 버렸다. 웹툰은 내가 봐온 진짜 '만화'와는 다르다고 여겼던 마음도 폐기했다. 얼마 전에는 디지털 세상에 감사 인사마저 올렸다. 그도 그럴 것이 부모님 댁에 방치된 채 상해버린 만화책 수백 권을 몇 년 전 두루와 울며 겨자 먹기로 버려야 했는데, 이미 절판된 지 오래라 다시는 볼 수 없겠다고 생각한 작품들이 전자책으로 나온 걸 발견하고 만 것이다. 발간된 지 십수 년 지난 이 만화들을 전자책으로 발간하자고 결정한 건 누구였을까. 어쩌면 나처럼 순정만화를 보고 자라 이제 30대, 40대가 됐을 이들의 힘이 미친 건 아닐지 상상해본다.

내 마음대로 '후손'이라는 표현을 써도 된다면 '순정만화의 후손' 같은 작품들은 웹툰의 시대에도 꾸준히 명맥을 이어왔다. 그리고 보면 수많은 요일별 웹툰 목록에서 가장 먼저 눈길이 간 작품들 또한 하나같이 친숙한 순정만화 그림체였다. 『여자만화 구두』(박윤영)나 『치즈 인 더 트랩』(순끼)처럼 큰 인기를 끈 작품들이 텅 빈 줄 알았던 순정만화 연표의 한 부분을 채웠듯이.

인기 럽스타그램 계정 운영자 같은 외모에 채색된 옷을 걸치고 21세기적 연애를 하고 아이돌과 엮이거나 취업난을 겪는 주인공이 나오는 만화들! 페미니즘 리부트를 통과한 최근의 '후손'들은 90년대 몇몇 작가 작품을 볼 때와 비슷한 느낌을 갖게 해준다. 비교적 작은 플랫폼인 딜리헙에 연재되지만 2019년 대한민국 콘텐츠 대상을 거머쥔 『극락왕생』(고사리박사)처럼 기묘한 경계에 놓인 작품들이 그렇다.

여전히 대형 서점을 찾으면 반드시 만화 코너에 가서 매대를 훑는다. 이제 서점 만화 코너에서 가장 많이 마주치는 건 라이트노벨을 사러 온 10대 남자애들이지만, 순정만화보다 웹툰 단행본이나 펫코믹스, 에세이형 만화가 차지한 책장 개수가 훨씬 많지만, 순정만화 코너의 만화책들 또한 제목도 그림체도 어쩐지 낯선 것들뿐이지만, 그래도 이 새로운 풍경 속에서도 끝없이 나오는 좋은 이야기들을 되도록 놓치지 않고 싶다.

좋아. 날을 잡아 만화 카페에라도 가야겠다. 그곳에는 '오늘의 신간'을 써붙인 메모와 옆으로 힘차게 밀곤 했던 익숙한 대여점 책장이 있겠지.

사랑이 전부인 줄 알았는데

어느 날 별 생각 없이 책장을 보다가 불현듯 소름 끼치는 경험을 했다. 『좋은 사람을 만날 수 있을까?』, 『이런 우리지만 결혼, 할 수 있을까?』, 『결혼, 안 해도 좋아』…. 언제 샀는지도 모르겠고 특별히 내용이 기억이 나지도 않지만 미혼 여성의 불안함과 공감대를 겨냥한 것이 분명한 에세이형 만화들이 나란히 꽂혀 있었기 때문이다.

각 작품에는 별 또렷한 인상이 남아 있지 않았지만 각각의 책을 살 때의 내 무의식이 지향한 바는 더할 나위 없이 명확했다. 20대 후반부터 차곡차곡 불어난 결혼에 대한 불안감. 나는 신간 코너에서 이 제목들을 본 순간 홀린 듯 집어들고 결제했을 것이다. 비혼 상태에 대한 고뇌조차 굳이 만화책으로 해결하려고 하다니. 이런 만화가 겨냥한 독자층은 나처럼 어릴 때부터 만화를 보고 자란 이들이라고 99퍼센트 확신한다.

순정만화 속 로맨스를 보면서 꼭 결혼은 아니더라도 어떤 로맨틱한 관계의 결말을 기대하거나 사회가 규정한 연인 관계의 매뉴얼에 벗어나지는 않을 거라고 믿었던 여자아이들. 최근에는 『며느라기』(수신지), 『하면 좋습니까』(미깡), 『아기 낳는 만화』(쇼쇼), 『평등은 개뿔』(신혜원, 이은홍) 같은 한국 만화들이 책장에 추가됐다. 이런 예리한 출판사들 같으니라고!

그런 의미에서 2016년 한국어판이 출간된 히가시무라 아키코의 『도쿄 후회망상 아가씨』 1권을 읽었을 때 나는 너덜너덜해질 정도로 심하게 얻어맞은 기분이었다. 만화는 '후회망상만 하다 보니 어느새 이 나이가 되고 말았다'라는 대사로 시작한다. 2020년 올림픽이 도쿄에서 열리기로 결정되었다는 뉴스 보도를 보며 어쩌면 혼자 집에서 올림픽을 보게 될지도 모른다는 위기감에 봉착한 세 사람. 각자 꿈을 안고 20대 때 도쿄로 상경한 세 친구는 어느덧 서른다섯 살에 이르렀으나, 2020년이 되기 훨씬 전에 당연히 해치울 것이라고 생각했던 결혼은 여전히 요원하다.

일에도 연애에도 차츰 위기를 느낀 이 사람들이 하는 짓이란 나와 내 주변 30대, 40대 여자들과 크게 다르지 않다. 술은 허름한 데서도 곧잘 마시지만 그래도 핫플레이스는 순례해야 하고, 어느 정도 돈을 벌고 커리어를 쌓아가는 스스로를 괜찮은 여자라고 생각하며 '세상에 이상한 남자가 너무 많다'라고 여자들끼리 단정을 내린다(물론 이게 완전히 틀린 말은 아니라고 지금도 믿고 있다.)

"그도 그럴 것이 지난 몇 년 동안 우리는,

여자들의 모임이란 미명 아래 술만 마시고,
이성을 만날 기회가 없다느니 좋은 남자가
없다느니 불평만 하면서, 별 볼 일 없는 남자와
결혼한 동창을 동정하고, 맞선을 보러 뛰어다니는
젊은 여자들을 비웃곤 했거든. 그렇게 서른을
넘긴 우리는 늘, 시합에는 참가하지 않은 채 모두
열심히 싸우는 모습을 벤치에 앉아 구경하면서
잘난 체 떠들기만 했지. 유니폼은 입은 채로,
언제든 나갈 수 있다고 자신만만해서는."

팩트 폭격이란 건 이런 거구나. 주인공 린코의 독백을 읽으며 속으로 좀 울었다. 심지어 나는 자신만만하게 벤치에 앉아 있는 성격도 못 됐다. 헤어지기라도 하면 초조함을 참지 못하고 온갖 소개팅은 물론 소개팅 어플까지 찾으며 다음 로맨틱한 관계를 찾아 기웃거리면서도, 그렇다고 날 좋아해주기만 하면 누구든 되는 건 또 아니었다.

사랑받고 사랑할 누군가를 갈구하는 모습은 어쩐지 처연하다. 미혼과 기혼으로 삶을 구분 짓는 게 구리다는 것도 안다. 하지만 인생의 단계를 비교적 모범생처럼 차근차근 밟아온 내가 '다음'이라고 여겨지는 결혼으로 도통 진입하지 못하는 데 대한 불안감은 생각보다 쉽게 사라지지 않았다. 비혼을 선언하고 잘 살고 있는 여자 선배들의 단단함에 새삼 감탄하면서, 나와 비슷한 불안감에 휩싸인 친구와 '노처녀도 웬만한 멘탈로는 못 하는 거였다'며 고개를 젓는 나날들.

어떤 날은 네이트판 검색창에 일부러 검색어로 '파혼'을 치고 관련 글을 줄줄 읽으며 '내가 한국의 가부장제에 편입해 살 수 있을까?' '나는 며느리가 되고 싶지 않다!' 호기롭게 생각하다가도, 다음 날에는 '미혼 여성 소득 평균' '한국 노년 여성 빈곤율' 같은 걸 찾아보며 괴로워하는 식이다.

『도쿄 후회망상 아가씨』는 일본 현지에서도 미혼 여성들의 큰 공감을 얻어 드라마로 방영되었고, 2017년 한 해에만 330만 부가 팔렸다고 한다. 혹시나 해서 덧붙이자면 『도쿄 후회망상 아가씨』는 결혼이라는 행복을 찾아가는 만화는 아니다. 히가시무라 아키코 작가 또한 1권 후기에서 "저는 여자는 꼭 결혼해야 한다거나, 여자의 행복은 남자에게 달렸다거나, 결혼 못한 여자는 불쌍하다는 생각 따위는 하지 않습니다"라고 명백하게 밝힌다. 다만 행복하게 사는 줄 알았던 주변의 30대, 40대 비혼 여성들이 느닷없이 결혼을 외치자 이들을 소재로 지독한 만화를 그려보자고 결심했다는 것이다.

서울에 사는 비혼 여성인 나 또한 누구보다 강렬하게 만화 속 인물들에 감정을 이입했으니 작가의 의도는 성공한 셈이다. 그리고 1권을 처음 읽었을 때 서른한 살이었던 나는 그새 서른네 살, 어엿한 30대 중반의 비혼 여성으로 거듭나고 말았다(주인공들이 그토록 두려워했던 2020년도 도래했다.)

『도쿄 후회망상 아가씨』의 등장 인물들은 공감은 가지만 주인공치고는 비호감이라는 평가를 받곤 한다. 맞다. 나이에 걸맞지 않게 줏대 없이 휘둘리기도 하고, 어린 애인이 있는 옛 남자 친구를 다시 만나거나 불륜 같은 행복해질 수 없는 사랑을 하는 바보들이다.

주인공의 덕목이라고는 찾아볼 수 없는 여성 캐릭터를 전면에 내세워 인기를 끈 만화가 또 있다. 만화를 읽지 않는 사람이라도 제목은 한 번쯤 들어봤을 작품, 바로 『나나(NANA)』(야자와 아이)다. 80년대 후반 데뷔한 야자와 아이는 '군단'이라는 말이 있을 정도로 사랑받는 만화와 캐릭터를 여럿 쏟아냈다. 섬세한 감정 묘사, 애달픈 대사, 패셔너블한 주인공들. 『나나』는 야자와 아이의 노하우가 가장 농밀하게 녹아든 작품이자 작가의 최대 히트작이다.

『나나』에는 두 명의 나나가 등장한다. 재능과 목표가 확고한 밴드 보컬리스트 오사키 나나 그리고 아르바이트로 생계를 이어가며 사랑을 찾아다니는 고마츠 나나. 문제는 고마츠 나나다. 고마츠 나나는 오사키 나나와 구분이 편하도록 만화 속에서 강아지 이름 같은 '하치'라는 애칭으로 불리는데, 여러모로 순정만화 주인공으로는 자격 미달이다. 애인인 쇼우지를 따라 도쿄로 상경했지만 쇼우지가 다른 여자에게 흔들리는 모습을 보자 곧바로 관계에서 도망친다. 팬이었던 밴드 트랍네스트의 드러머 타쿠미에게 홀랑 넘어갔다가 오사키 나나의 오랜 친구이자 밴드 동료 노부와 잘 되는가 싶더니, 결국 타쿠미의 아이를 임신한 것을 알게 된다.

주체성 없이 남자한테 이리저리 휩쓸리다가 상처받고, 그렇다고 솔직하게 사랑을 좇았다고 하기에는 현실적인 계산기 역시 충분히 두드리는 여자. 정말이지 인터넷에 이런 사연을 직접 올렸다가는 '님 인생 님이 그렇게 꼰 거죠' 같은 악플을 수백 개 받을 것만 같다.

"하지만 나나, 나도 사실은 나나처럼 순수하게
누군가를 사랑하고 싶어. 나나와 렌처럼 강한

고리로 누군가와 맺어지고 싶다구."

그러나 하치의 이 쓸쓸한 독백처럼, 운명적인 사랑 따위 존재하지 않을 것을 감지한 20대 초반의 내 공감을 자아낸 것은 나나보다는 오히려 평범한 하치 쪽이었다. 누가 봐도 근사한 나나의 옆에는 심지어 일생일대의 사랑인 기타리스트 렌까지 있으니까.

그리고 하치의 상황이 적당히 한심하고 이해 가능했기 때문에 '그래도 저렇게 남자한테 휘둘리며 살지는 말아야겠다'고 20대에 걸맞은 교훈 아닌 교훈을 얻은 것 같기도 하다.

제대로 된 일을 하지 않고 수입이 없다면 젊은 여자에게 연애나 결혼은 진짜로 경제적으로 살아남는 거의 유일한 방법이 된다. 순수하고 사랑스럽게 그려지긴 하지만 하치는 결국 그런 캐릭터다. 적당히 예쁘게 꾸미고, 남에게 듣기 싫은 말은 되도록 하지 않고, '마마' 노릇을 자처하며 주변 사람들의 애정에 편승한다. 그런 삶에 보람을 느낀다면 그것도 괜찮겠지만 다행이라면 다행이랄지 나는 그럴 생각도, 재능도 없었다.

하치를 향한 복잡한 감정과는 관계없이 나는 야자와 아이의 만화에 꾸준히 등장하는 다정하고 성실한 남주인공들을 한결같이 좋아했다. 그래서 하치가 노부와 잘되기를 진짜로 바랐다. 꼬박꼬박 피임을 한 노부와 달리 타쿠미는 제대로 피임조차 하지 않고 위압적으로 군다. 그런 타쿠미와의 행위에서 생긴 아이 때문에 노부와 헤어진다는 얄궂은 사실에 나는 진심으로 마음 아팠던 것이다. 배 속의 아이 때문에 소중한 상대에게 상처를 주고 '책임져주는' 것에 감사하며 타쿠미의 부인이 되어야 하다니.

지금은 안다. 계획에 없었던 아이가 생기고 아이 아빠가 아이를 '낳자'고 했을 때 그 제안 말고 다른 대안을 택할 명분은 턱없이 부족하다는 것. 아이를 받아들이기로 한 이상 생물학적 부모인 두 사람보다 강력한 팀은 없으며 실제로 그런 식의 결합도 꽤 많다는 걸.

야자와 아이는 『나나』에서 주요 등장 인물들의 그 어떤 사랑도 제대로 이어주지 않는다(너무나 복잡해서 다 적을 수 없을 정도지만 일단 오사키 나나의 운명적인 사랑인 렌은 21권에서 죽는다.) 그런 그가 초기 작품들에서는 전혀 다른 결말을 보여줬다는 점도 흥미롭다.

야자와 아이 작품 중에서 가장 사랑스러운 학원 순정물이라고 할 수 있는 『천사가 아니야』의 주인공

미도리와 아키라는 고등학교 학생회 활동을 하며 사랑을 키운 뒤 결혼을 하고, 주변 인물들도 모두 사랑을 찾는다. 성대한 결혼식 장면만 두 번이 나오는 이 만화는 정말이지 행복한 커플 투성이다. 다음 작품인 『내 남자친구 이야기』의 미카코와 츠토무는 무려 소꿉친구다. 여러 위기를 겪지만 결국 이 만화에서도 고교 시절의 인연으로 꽤 많은 커플이 탄생한다. 그랬던 야자와 아이가 이렇게 작정하고 고통스러운 이야기로 직진하다니.

작품과 작품 사이도 아니고, 한 작품을 연재하는 도중에 작가의 심경에 무슨 큰 변화가 생긴 건 아닌가 싶은 만화로 『다정다감』을 빼놓을 수 없다. 흑발 남주 강한결, 금발 남주 신새륜, 여주인공 배이지. 이들을 필두로 밝고 씩씩한 학원 연애물처럼 시작한 만화는 뒤로 갈수록 '연애' 이야기와 멀어진다. 이에 대해 의견은 분분하다. '어떻게 신새륜과 잘 안 될 수 있냐, 결말 너무 싫다', '그냥 18권까지 그리다 작가가 방향 조절에 실패한 것 같다'….

그러나 시간이 많이 흐른 지금 나는 그 결말을 이해할 수도 있을 것 같다. 고교 시절의 첫사랑과 다시 만나 연인이 되는 게 어차피 엄청난 해피엔딩이 아니라는 것을 작가도 어느 시점에 깨달은 것 아닐까?

만화를 연재한 8년이라는 시간 동안 작가는 어쩌면 그런 결말은 그리고 싶지 않은 쪽으로 마음을 바꾼 것인지도 모른다.

그래서 마지막 장면에서 교실에서 스치듯 재회한 두 사람은 다가가 껴안고 눈물의 입맞춤을 하며 변치 않은 마음을 확인하는 대신 "어느 시간에서든, 어느 공간에서든 반짝이는 것이 있다면 잘 간직해야지"라는 말을 남긴 것인지도.

『나나』 속 주인공들의 뿔뿔이 흩어진 마음들도 마찬가지다. 영원한 사랑을 찾으면 삶의 모든 게 해결되는 것 같은 '열렬한' 순정만화를 그릴 수 있는 시기가 만화가에게도 정해져 있는 게 아닐까. 더 이상 고교 시절의 사랑 이야기를 진심을 다해서 그릴 수 없는 시기가.

다시 『도쿄 후회망상 아가씨』 이야기로 돌아가 보자. 만화는 주인공 린코가 그토록 바라던 '어른의 연애를 할 수 있는' 사람과 결혼을 전제로 한 동거를 목전에 두고, 결국 일곱 살 연하에 이혼 경력이 한 번 있는 인기 모델과 연애를 택하는 것으로 끝이 난다. 이 후회망상 아가씨에게 결혼은 다시 머나먼 이야기가 되어버렸겠지.

하지만 지금 그리고 이후의 시대를 살아갈 여성

들에게는 오히려 이런 결말이 자연스러운 것일지도 모른다. 나이와 상황에 맞춰 지금 옆에 있는 사람과 결혼하기보다는 나다울 수 있는 상대와 함께 자신의 행복을 찾아 떠나는 것 말이다(린코의 상대가 연하의 모델이라는 것쯤은 봐주자.)

작가 히가시무라 아키코는 두 번 이혼을 겪었고 『도쿄 후회망상 아가씨』를 그리기 전에는 첫 번째 남편과의 사이에서 태어난 아들 '고짱'과의 육아 분투기를 담은 『엄마는 템파리스트』를 그렸다. 후에 다른 작품에서 통장 잔고를 보고 깜짝 놀랐다고 언급했을 정도로 그는 이 작품으로 데뷔 이래 가장 큰 성공을 누렸다.

연애와 결혼. 인생에서 반드시 거쳐야 할 단계라고 달콤하게 묘사되어온 그 부분을 직접 맛본 이후에야 그릴 수 있는 이야기도 있다. 지난 봄, 여러 우연이 겹치면서 히가시무라 아키코 작가를 인터뷰 화보 촬영으로 직접 만난 일이 있었다. 선생님은 내가 촬영장에 들고 간 만화책에 하나하나 사인을 해주고는 촬영 후 진행된 대담에서 이런 말을 했다.

"40대가 된 지금의 나는 어떤 꿈을 꿔야 할지 고민이에요. 꿈을 갖지 않고 살아가면서 삶의 가치를 발견하기란 어려울 테니까요. 젊었을 때는 지금 나이쯤 되면 이룰 수 있을 거라고 막연히 생각했는데 아직 못한 일들을 어떻게 얻어낼 수 있을지 생각 중이죠. 아이의 인생과는 별개로 말이에요."

그렇다. 우리에게는 결혼을 제외한 삶의 다른 부분도 얼마든 존재한다. 그리고 현실적인 연애나 결혼이라는 것이 반드시 이별, 배신, 권태, 애증 같은 남루한 단어로만 묘사되는 것도 아니다. 유대감, 헌신, 책임감, 애정… 오랜 시간을 들여 제도적으로도 공인 받은 타인과의 관계를 형성했을 때만 비로소 알 수 있는 감정도 있을 것이다.

20대 중반까지는 정말로 나도 어렵지 않게 결혼 제도에 편입할 것이라고 생각했다. 심지어 스물여섯 살 때 소개팅으로 만난 남자와 몇 번 만나지도 않고서 프러포즈 비스무리한 것을 한 적도 있다. 무려 '합병'이라는 패기 넘치는 단어까지 써가면서. 진짜로 이 사람과 살면 내가 가진 우주가 확장될 것 같다는 확신이 있었기 때문이다. 물론 그분은 나를 인수할 생각이 전혀 없었지만….

지금 생각해보면 당시의 나는 월세 보증금만큼의 금액을 마이너스 통장에 쟁인 부실채권 그 자체였으니, 합병이라는 단어를 먼저 쓸 입장조차 못 됐다. 결국 그때의 나는 연애와 결혼이 얼마나 다른 일인지, 그 과정과 조건들이란 어떤 것인지 전혀 알지 못했던 셈이다.

그래서 2020년이 된 지금은 어떠냐고? '언젠가 결혼을 하지 않을까?' 하는 마음은 '한국에서 결혼은 안 하지 않을까?'에 가깝게 바뀌었다. 시간이 지나면서 조금씩 변해온 순정만화책 속 사랑의 결말들 때문은 당연히 아니다. 나는 "남자가 결혼하자고 하지 않는 건 너를 그만큼 사랑하지 않기 때문이야"라는 말을 질리도록 듣고 자랐고, 그런 나로서는 꽤 오래 만난 연인에게서 빈말이라도 결혼하자는 말을 듣지 못한 것이 괴롭지 않았다면 거짓말이다.

그러나 지금은 진심으로 결혼을 꼭 하지 않아도 된다고 생각한다. 결혼 안 하느냐는 질문에 요즘은 "인품도 경제력도 갖춘 제2의 후견인 같은 시부모님이 있는 부잣집에서 저를 '픽'하면 모를까, 글쎄요…"라는 말을 농담처럼 하곤 하는데, 반쯤은 진심이다.

내가 지금 내린 결정을 영원히 후회하지 않으리라는 보장은 없다. 짐짓 걱정 어린 얼굴을 한 수많은 사람의 조언대로 하루라도 어릴 때 결혼을 원하는 새로운 사람을 만나는 게 현명한 일인지도 모른다. 지금 살고 있는 집의 전세 기간이 만료되면 나와 법적으로 경제 공동체를 이뤄줄(목돈이 필요하다는 뜻이다) 누군가를 또 다시 갈망하게 될지도 모른다. 남편 없는 중년 이후의 모습을 상상하고 싶은데, 나이 든 여성의 삶을 그렸다는 영화에도 곧잘 너무나 당연하게 이혼한 전 남편 사이에서 태어난 장성한 자녀들이 등장해 나를 당황스럽게 한다.

내게 지금 가장 필요한 것은 제도가 보장하지 않은 관계, 그 지속 가능성에 대한 확신일 것이다. 각자의 개인적인 삶에 대해서는 더할 나위 없이 친밀하게 일상을 나누고 무슨 일이 생기면 두 팔 걷고 나서는 의리는 있으면서도 그게 각자 주변의 다른 관계로는 확장되지 않는 사이. 소위 결혼 적령기나 연인에서 부부로 호칭이 바뀌는 시기를 넘긴 두 성인이 앞으로 함께 어떤 방식이나 규칙을 만들어갈 수 있을지, 은근 기대도 된다.

지난 명절, 우리 집에는 어김없이 네 식구만이 단출하게 모여 앉았다. 환갑이 지난 엄마 아빠 그리고 30대인 두 딸(나와 두루)이다.

"여기에 사위 두 명까지 있으면 얼마나 듬직하고 좋겠냐."

그런 엄마 말에 나도 모르게 대꾸했다.

"그럼 사위가 2박 3일 여기 와 있겠어? 우리가 그 집 가 있겠지!"

이런 내 대답에 일단 아빠는 크게 웃은 것 같다. 그래, 그럼 됐지 뭐.

그래서 소녀들의 연애는?

그나저나 순정만화란 대체 뭘까?(이제 와서?) 답하기 어려운 문제다. 여성 독자 취향의 연애물? 글쎄, 로맨스물에 환호하는 인간으로서 그동안 좋아한 만화책들을 돌아봐도 이런 설명이 꼭 맞아드는 작품은 생각보다 많지 않다. 특히나 '한국 순정만화의 대모'라 불리는 작가들 작품에서 로맨스는 등장 인물이 겪는 다양한 서사 중 한 가지일 뿐이다.

소재나 그림체로 한정하기도 모호하다. 일본 설화에 등장하는 요괴들을 다룬 『백귀야행』(이마 이치코)과 『음양사』(오카노 레이코) 두 작품 모두 탐미적인 그림체에 소재도 크게 다르지 않은데 『백귀야행』만 순정만화로 인식된다.

대체 이 느낌적인 기준은 무엇이란 말인가. 순정만화의 정의에 대해 고민하는 게 나뿐만은 아닌 듯하다. '순정만화 뜻', '소녀만화 뜻' 같은 것으로 검색해봐도 뾰족한 답은 나오지 않는다.

아무튼 나름 정의를 내린바, 애매한 경계선에 놓인 만화들이 순정만화로 인식되는 데는 그 만화가 어느 매체에 연재됐고, 어떤 출판사의 어떤 시리즈로 출간됐는지, 작가가 주로 어떤 매체 어떤 출판사와 작업해왔는지가 판단에 꽤 영향을 미치는 것 같다. 한국 기준으로 '이슈코믹스'나 '윙크 컬렉션'으로 발간됐다면 의심 없이 '이것은 순정만화!'라고 생각하게 되지 않을까?

그러나 나에게 순정만화라고 하면 역시 여성이 그린, 여성이 주인공인 만화라는 인식이 가장 크다. 예를 들어 『3월의 라이온』(우미노 치카)은 그림체도 작가 성향도 순정만화답다. 하지만 바둑 영재인 남자 고교생의 완벽한 성장물이라는 점에서 순정만화라는 생각은 들지 않는다. 「이슈」나 「윙크」에도 이름만으로는 성별을 알 수 없거나 남자인 작가들 작품도 가뭄에 콩 나듯 연재됐지만 그렇다고 해서 『툰(Toon)』(박무직)이나 『쉘 위 댄스』(송채성)를 순정만화라고 할 수 있을까?

한 가지 기준을 더 들이대자면 이러니저러니 해도 '사랑'은 순정만화의 가장 중요한 정체성이다. 이를 부정하는 건 소수의 작품을 예로 들며 '모든 한국 드라마가 로맨스물은 아니라고!'라고 외치는 거나 다름없다. 만화 속을 부유하는 애달픈 감정들, 올곧은 사랑을 위해 여주인공이 내보이는 용기나 순수함은 내가 순정만화를 좋아하는 가장 큰 이유이기도 하다. 그리고 사람 인생에 가장 큰 영향을 끼친다는 10대와 가치관이 성립된다는 20대 초중반까지 순정만화를 끼고 살아온 나로서는 순정만화가 연애관을 형성하는 데도 당연히 엄청난 영향을 끼쳤다.

　　만화로 연애의 단계와 감정의 전개를 능통하게 알게 됐다고 해서 내 인생과 연애가 순정만화 같은 것은 아니었다. 여중 여고를 나왔기 때문이라고 핑계를 대기에도 좀 머쓱할 정도로 내 10대 시절은 로맨스와 거리가 있었다. 만화 속 데이터를 수없이 축적하며 연인 관계를 향한 넘치는 호기심, 연애 감정에 대한 갈망, 인기 있는 여자애가 되고 싶다는 마음이 혼재되어 있었지만, 현실 속 나는 '교복 입은 여자애 1', 그냥 '휴먼비잉 1'에 가까웠던 것 같기도 하다.

　　사춘기를 맞아 안 그래도 비대해진 자아와 순정만화에서 줄곧 본 '평범해 보이지만 알고 보면 매력적인 여주인공 캐릭터' 설정은 내면에서 포개져 극악의 시너지를 발휘했다. 분명히 말하건대 순정만화의 맥락을 따라 자기 캐릭터를 포지셔닝하는 것은 요즘 말하는 자존감이나 나 자신을 사랑하는 것과는 완전히 다른 문제다.

　　만화는 때로는 쓸데없는 상식을 전하기도 했다. 『베이비 러브』(시이나 아유미)는 일본에서 검증된 작품을 수입해 국내 순정만화잡지에 연재하던 시기에 「파티」에 인기리에 연재된 만화다. 주인공 세아라가 첫사랑 슈헤이 오빠에게 어울리는 여자가 되고자 고군분투하는 이야기다. 조숙한 세아라는 초등학교 3학년 때 6학년인 슈헤이를 보자마자 사랑에 빠지고는 곧바로 슈헤이에게 고백하지만, '꼬맹이'라는 말을 들으며 차이고 만다(보다시피 순정만화에서 초등학생은 충분히 사랑하기 좋은 나이다.) 그러나 소녀는 포기하지 않는다. 슈헤이 오빠에게 어울리는 여자가 되려고 끈질기게 노력한 끝에 초등학교 6학년에 162센티미터에 달하는 미소녀로 성장한 것이다.

세아라가 그렇게 열심히 키를 키운 이유는 '남녀 사이의 키 차이는 20센티미터 정도가 이상적'이라는 엄마의 말 때문이었다. 162센티미터가 됐으니 중학교 농구선수인 185센티미터의 슈헤이 오빠와 어울리는 여자가 되는 날이 얼마 남지 않은 셈이다.

지금 보면 두 사람의 키에 따라 이상적인 커플의 여부를 왈가왈부한다는 게 말이 안 되는 이야기인데도, 남녀 관계의 호감 데이터라고는 만화적 기술밖에 없던 때라 그런 것조차 중요한 정보처럼 느껴졌다. 키에 관련해서 말을 좀 보태자면 나는 인터넷 게시판에 종종 올라오는 '키 작다고 부심 부리는 친구, 귀여운 척하는 데 짜증 나요' 같은 글을 볼 때마다 찔린다. 키가 153센티미터에서 멈춰버린 나 역시 내 작은 키를 '셀프 모에화' 설정으로 사용했었음을 완전부인할 수 없기 때문이다. 이 부분은 순정만화, 특히 일본 만화 탓으로 돌리고 싶다. 150센티미터대의 여주인공을 찾아보는 게 그다지 어렵지 않은 데다가 심지어 작은 키는 '손이 참 작구나'라거나 '한 품에 쏙 들어오네' 같은 대사와 함께 종종 귀엽고 지켜주고 싶은 여자애의 매력을 묘사하는 데 이용됐으니까.

지금 생각하면 이런 설정 또한 일반적인 여자애들의 이입을 도우려는 작가들의 배려가 아니었을까 싶기도 하지만… 어느 쪽이든 차라리 세아라처럼 키가 크려고 열심히 노력을 했더라면 좋았을 것 같다는 게 지금의 소회다.

이쯤에서 순정만화에서 두 사람의 관계가 발전하는 대표적인 설정들을 정리해보고자 한다.

1 숨은 진주 발견 전문가

순정만화의 유구한 역사에서 헤아릴 수 없이 많은 만화가 이 유형에 속한다. 평범한 여주인공, 하지만 제대로 꾸미는 법을 모를 뿐 알고 보면 감춰진 진주 같은 존재다. 보통 덜렁대는 성격이지만 남주인공은 그런 모습까지 귀엽고 순수한 매력으로 알아봐준다. 꾸미면 예뻐지고, 남자 등장 인물은 달라진 그의 모습을 보고 심장이 두근거린다. 그리고 내 매력을 알아챈 최소 한 명 혹은 다수의 남자 등장 인물을 만난다. 여주인공은 이런 상황에 고민하지만 결국 사랑하는 단 한 명의 남자(주인공)를 택한다. 현실과 달리 다른 구애자 역시 매너 있게 행복을 빌며 물러난다. 간혹 평범한 외모가 아니라 이성적 매력이 낮은 외모로 묘사되는 경우도 있긴 하다. '갸루' 같은 외모 때문에 날라리로 오해를 사는 『피치걸』의 모모, 음침해서 '사다코'라는 별명으로 불리는 『너에게 닿기를』의 쿠로누마가 대표적이다.

2 너 같은 여자는 처음이야, 상처받은 매력남

여자애들 사이에서 '쟤 바람둥이니까 조심해'라는 평가를 받는, 누가 봐도 위험한 매력의 남주. 당연히 인기도 많고 여주에 비해 높은 연애 경험치를 자랑하며, 왜인지 과거의 연인은 연상이거나 넘볼 수 없는 미소녀, 혹은 이미 세상을 떠난 경우가 많다. 복잡한 가정사를 가졌을 확률 또한 95퍼센트. 그러나 알고 보면 어릴 때 받은 상처 때문에 다소 비뚤어졌을 뿐 여주인공의 밝고 올곧은 면에 마음을 열며 순정파로 거듭난다. 이 경우 평범한 여주인공이 남주인공의 강렬한 매력에 자석처럼 이끌려 먼저 호감을 느끼는 경우가 대부분이기 때문에 여주인공의 애달픈 마음에 이입하기 가장 좋은 설정이다. 『마르스(MARS)』, 『천사가 아니야』, 『우리들이 있었다』 등 내가 좋아하는 작품 중 상당수가 이 군에 속하는 것도 이 때문인 듯하다. 이 분야에서 가장 복잡하고 음험한 인물로는 『그 남자! 그 여자!』의 아리마를 꼽을 수 있다.

3 우리 사이 친구에서 연인으로

소꿉친구, 부모님끼리 친한 옆집 남자애, 알고 보니 같은 아파트에 사는 전학생, 어린 시절 이사 갔다가 돌아온 훈남…. 만화 좀 읽은 사람이라면 알고 있겠지만 설정은 거기서 거기다. 제법 괜찮게 자란 그 남자애를 노리는 여자애들도 주변에 꽤 있지만 그 남자애의 마음속에서 일찌감치 특별한 자리를 점유한 건 바로 나. 풋풋하게도 서로를 이성으로 인식하지 못하다가 제삼자가 개입하는 순간 질투를 느끼면서 자기 감정을 깨닫는 경우도 많다. 좀 다른 버전으로 여주인공이 피치 못할 사정으로 남장을 했는데 여자인 걸 모르고 진짜로 친구처럼 지내다가 자꾸 뭔가 다른 기운을 감지하며 사랑에 빠지기도 한다. 모두가 잘 아는 『아름다운 그대에게』(나카조 히사야로)다.

그 밖에도 사극 드라마에서도 종종 쓰이는 시대

극 설정이 있다. 서로가 서로에게 첫사랑이지만 시대적인 배경 때문에 어쩔 수 없이 헤어지거나, 다시 만나더라도 이뤄지기 힘든 안타까운 경우다. 『불의 검』, 『비천무』 같은 김혜린 작가 만화의 오열 포인트이기도 하며 가끔은 작가가 너무하다는 생각도 든다.

징집된 후 다시 만나지 못한 첫사랑, 다른 남자와 정략결혼한 후에야 돌아온 연인, 일본 순정만화에서는 2차 세계대전을 이런 비극의 장치로 활용하기도 한다. 직장을 배경으로 한 『서플리』(오카자키 마리) 같은 커리어우먼들의 러브 스토리도 20대 중반 이후의 순정만화 독자들에게 꾸준히 인기 있는 장르다.

설정상 여주인공이 냉정한 미소녀인 경우는 꽤 많다. 몇몇을 빼곤 누구에게도 쉽게 마음을 열지 않는 미소녀는 표현이 서툰 자신에게 상처 입으면서도 끝없이 다가오는 남주에게 차츰 마음을 연다. 얼음 미소녀라면 역시 『쿨핫』의 동경이나 『시니컬 오렌지』(윤지운)의 혜민이가 가장 먼저 떠오른다. 일본은 젊은 교사들 나이가 한국보다 훨씬 어리기 때문인지 냉랭한 10대 미소녀가 또래 남자애들과는 비교할 수 없이 압도적으로 매력적인 어른스러운 남성(주로 교사)에게 끌리는 경우도 찾기 쉽다. 이성과 단절된 환경에서 사는 10대 여학생이 남자 선생님한테 끌리는 마음을 모르는 건 아니지만 나이가 든 지금 돌아보면 어른인 작가가 굳이 그릴 설정은 아닌 것 같다.

카라의 명곡 '프리티걸'이 나오기 훨씬 전부터 아파트 단지건 시내건 어디서나 당당하게 활보하던 나였으나 숨은 보석 같은 내 진가를 알아봐주는 1번 설정의 남자애, 누가 봐도 매력적인 2번 설정의 남자애 모두 요원하기는 마찬가지였다. 그렇기에 가장 강렬하게 와닿은 설정은 바로 3번, 친구에서 연인으로 발전하는 경우였다. 어릴 때부터 투덕대며 알고 지냈지만 지금은 꽤 근사하고 매너 있게 자랐고, 내 장점을 누구보다 잘 아는 소꿉친구!

중학교 2학년 때 읽자마자 단번에 사랑에 빠진 야자와 아이의 『내 남자친구 이야기』 또한 이런 내 욕망을 부채질했다. 무엇보다 어린 시절부터 쭉 함께 자라왔기 때문에 서로를 인간적으로도 깊이 이해하고 있는 주인공 미카코와 츠토무가 정말 부러웠다.

만화는 예술특성화학교인 야자와 고등학교에 갓 입학한 두 사람을 집중적으로 그린다. 따라서 츠토무와 미카코 외에도 주요 등장 인물이 꽤 많다. 불확실한 미래, 사람 사이의 관계 같은 고민이 몰아치는 고교 시절, 두 사람이 함께 시간을 보내며 쌓아온 결속력과 상대방을 소중하게 여기는 마음이 얼마나 강력한 힘을 발휘하는지가 이 주변부 인물들을 통해서 세밀하게 묘사된다.

"나한테 있어서 미카코는 말야 역시 특별한 존재야. 사랑이라기보다는 오히려 애정!이라는 느낌이 들었었는데. 그 앨 지켜주고 싶다거나 의지가 되어주고 싶다라고 생각할수록 내 자신의 무능력함을 느껴. '사랑해'라는 말은 나한테는 백만 년 후에나 할 수 있을 것 같은 느낌이 들어."

누군가가 나를 이렇게 생각해주는 일이 내게도 일어날 수 있을까? 츠토무는 정작 자신은 진로 때문에 고민하면서도 의상 디자인에 확실한 재능을 가진 미카코를 진심으로 응원할 수 있는 힘을 가졌다. 미카코는 야광별을 잔뜩 붙인 츠토무의 방 천장을 츠토무 어깨 너머로 보면서 애정 넘치는 첫 경험을 한다.

당시 미디어에서는 '여자들은 나쁜 남자를 좋아해'라고 맘대로 떠들어댔지만 나는 늘 상대방의 다정하고 착한 부분에 끌렸다. 여기에는 츠토무의 영향이 어처구니 없을 정도로 컸다. 인생의 궁극적인 이상형이 만화 주인공이었던 셈이다.

만화 속 사랑스러운 여주인공이 되고 싶기도 했

다. 마침 잡지를 펼치면 '남자들이 좋아하는 OO가지 행동', '남자의 마음을 사로잡는 포인트', '그 남자는 나를 좋아하는 걸까?', '센스 있는 여자 친구가 되는 방법' 같은 연애 강령이 쏟아진 시기였다.

'사랑스러운 여자애'의 정체성을 확립하는 데는 내가 아홉 살 때, 아빠가 출퇴근길에 듣던 카세트테이프에서 흘러나온 이승환의 '천일동안' 가사 역할도 컸다. "많이 웃고 또 많이 울던 당신을 항상 지켜주던 감사해하던 너무 사랑했던 나를"이라니. 솔직한 감정 표현을 하는 여자만이 이렇게 애달픈 사랑 노래의 주인공이 될 수 있는 걸까? 시간이 흘러 『천사가 아니야』의 주인공 미도리를 만났을 때, 학교 도서관에서 책을 읽는 순간에도 시시각각 표정이 바뀌는 미도리를 남자 주인공 아키라가 사랑스럽다고 느끼는 장면을 봤을 때, 이런 심증은 더 굳어졌.

그렇다고 없던 소꿉친구가 뿅 하고 생겨나지는 않았다. 밝고 사랑스러워 보이고 싶을 때는 한껏 솔직한 척했지만 정말 어려운 이야기를 해야 할 때는 그러지 못했다. 다정한 사람이 최고라고 생각했지만 믿었던 상대방의 선함이 무책임과 둔함으로 돌변해 내게 화살처럼 돌아오기도 했다. 오랜 시간 서로 알고 지낸 누군가와 만난다는 건 상대를 인간적으로 깊이 신뢰할 수 있는 반면 알고 싶지 않은 연인의 과거까지 감수해야 한다는 것도 의미한다는 걸 몰랐다. 어린 시절 인연과 재회하거나 일편단심 운명적인 사랑에 빠져 결혼을 하는 일 따위도 서른네 살인 지금까지 일어나지 않았다. 그렇다면 순정만화가 내 연애에 궁극적으로 미친 영향은 무엇일까?

"첫사랑의 사람과 처음으로 사귀고,
교내에서도 이름 난 커플. 그 사람하고만
섹스도 하고 평생을 살아간다. 사실 그런 일이
가능하다면 그게 가장 행복하겠지. 하지만 이젠
이런 생각이 들어. 여러 사람들과 사랑에 빠지고
많은 상처를 받았기에 지금 이렇게 이 사람과
사랑할 수 있는 것이라고."

지금 누군가 사랑과 연애의 '효용'에 대해 내게 이야기하라고 한다면 『해피 매니아』(안노 모요코)의 주인공 시게타의 이 대사를 고를 것 같다. 이런 기특한 대사가 등장하긴 하지만 장장 11권에 걸쳐 연애에 중독된 주인공 시선을 따라가는 『해피 매니아』의 여정은 결코 '해피'하지 않다. 심지어 저 대사를 뱉고 얼마 뒤 시게타는 결국 결혼식장에서 도망쳐버린다.

'더 설레는 행복이 어딘가 있을 거야. 그걸 따라가보는 거야'라고 말하면서. 아니 시게타, 그건 네가 1권부터 했던 말이잖아! 절규는 독자인 나의 몫일 뿐.

시간이 갈수록 이 만화의 결말이 더 자주 생각난다. 한 사람과 평생 아끼며 함께하겠다는 약속이 항상 지켜지는 것이 아니라면, 결혼을 눈앞에 두고 또다른 결말을 찾아 떠나는 시게타의 행동도 그닥 바보 같은 짓은 아니었던 것 아닐까.

20대 때는 30대쯤 되면 주변 사람들 중 기혼자가 90퍼센트 이상 차지할 거라고 막연하게 생각했다. 막상 30대가 되고 보니 30대 이후의 삶이란 생각보다 다양한 풍경으로 존재한다는 것을 알았다. 로맨스는 삶의 필수 요소라고 여겼거늘, 정말로 연애를 하지 않고도 행복한 사람들도 있고 다들 좀 늦지 않았나 생각할 나이에 사랑에 빠질 누군가를 만나기도 한다. 별 문제 없어 보이던 커플이 이혼을 하는가 하면 '저 두 사람이?' 싶은 이들이 연인이 되기도 한다. 아이를 낳지 않기로 합의하고 동물과 사는 부부도 많고, 싱글맘이 되어 아이와 씩씩하게 사는 사람, 동거 중인 커플, 독립했다가 다시 부모님과 함께 사는 사람, 시댁과도 좋은 관계를 유지하며 잘 사는 사람, 40대에 건강한 아이를 낳아 키우는 사람…. 행복과 불행은 인터넷 조언과는 거리가 있는 것이다.

사랑을 하고 싶다는 마음은 내게 아주 오래된 욕망이었다. 다행히 오래도록 수많은 내레이션과 컷으로 짐작만 했던 단어와 감정의 실체를 좋은 의미에서든 나쁜 의미에서든 조금씩 맛보게 됐다. '취미는 사랑'이라는 노래 제목도 있지만 사랑은 취미처럼 즐거운 것은 아닐 테다. 하지만 아무리 따져봐도 타인과 마음도 몸도 진심으로 나눌 수 있는 관계는 오직 이것 하나뿐이다. 무방비로 잠자는 얼굴을 바라보는 것, 비현실적인 행복감에 휩싸여 자고 있는 상대의 심장에 귀를 대고 숨소리에 귀 기울이는 것. 지금의 나는 사랑을 해서 괴로웠던 점을 서른 개쯤 이야기한다면, 좋았던 건 백 개도 넘게 이야기할 수 있는 사람이 됐다. 다만 그 감정들을 느끼지 않는 나날이 불행하다고 여기지도 않을 뿐이다.

연인 관계가 되기 전부터 서로 오랜 시간 알고 지낸 남자 친구와 이별을 직면한 적이 있다. 마지막으로 얼굴을 보는 것일지도 모를 약속 장소로 향하던 길, 마음속에 씁쓸하게 품고 있던 것은 『모래시계』(아시하라 히나코) 7권의 페이지였다. 열두 살 때부터 유년 시절을 공유해온 주인공 안과 다이고가 헤어졌다가 스무 살이 되어 돗토리 사구에서 재회하는 장면이다. 다이고는 안이 더없이 소중하지만 상대의 상처를 온전히 이해할 수 없음을 깨닫고 안에게 말한다. 이제 달콤한 말은 더 이상 하지 않겠다고, 널 행복하게 해주는 건 다른 누구도 아닌 바로 너 자신이라고. 그러니까 힘내라고, 지지 말라고. 너는 약하지 않다고. 함께 있는 것만으로도 행복해질 수 있을 것이라고 믿었던 무모할 만치 순진한 마음이 다른 차원의 애정과 신뢰로 바뀌던 순간.

8권에서 수년이 지나 두 사람은 다시 만난다. 그리고 부족한 대로 서로를 받아들이기로 결심한다. 그러나 함께가 아니라 혼자서도 똑바로 나아갈 수 있다고 등을 밀었던 스무 살의 다이고와 홀로 걸어가는 미래를 받아들였던 안이 서 있던 그 장면을, 나는 오래 기억한다.

믿음직한 동행을 찾았다면 운이 좋은 것. 하지만 나를 완전하게 채워줄 누군가가 등장하길 바라며 평생을 결핍감 속에 사는 것보다는 혼자, 성큼성큼 나아가는 편이 좋지 않을까. 때로는 푹푹 발목까지 빠지는 모래밭 속에서 방향 감각을 잃을 때도 있겠지만 나는 혼자가 되더라도 잘 살 수 있을 것이다. 사랑이 알려준 감정들이 나를 자라게 했으니.

소녀들의 성

한국 드라마에는 도통 취미를 붙이지 못한 내가 고등학교 시절 우연히 목격한 드라마 엔딩신을 아직 기억한다. 제목도 기억나지 않는 드라마의 그 장면을 기억하는 건 한국 드라마의 엄격함에 화들짝 놀랐기 때문이다.

두 사람이 서로의 마음을 확인하는 중요한 키스신에서, 두 배우는 미동도 없이 그저 입술을 맞대고 있다. 체감상 20초는 걸린 것 같은 이 어색하기 짝이 없는 연출, 여기서 대체 어떤 진정한 사랑을 느낄 수 있을까? 한국 지상파 방송이 입술만 댄 뽀뽀를 성인 배우들의 키스신으로 내보내던 2000년대 초반, 온스타일에서는 〈섹스 앤드 더 시티〉 시즌6가 한창 방영 중이었다. 어쨌든 당시 한국의 10대 여자애가 접할 수 있는 콘텐츠의 일반적인 수준은 이런 것이었다. 모두가 하고 있고 너 역시 욕망의 대상이 되거나 행위의 주체가 되겠지만, 그 이상 적나라하게 알려고 하거나 시도해서는 안 되는 19금 세계.

'순정만화로 섹스도 배웠습니다'라고 말하고 싶지만 순정만화의 섹스는 서로의 마음을 '어른스럽게' 확인하는 의식이자 장치에 가까웠다. 정서적인 행복, 고양감, 죄책감 같은 여러 감정이 묘사되는 사이에 오르가슴과 행위가 놓일 자리는 없다.

"그리고 난 그날 24년 동안 지켜왔던 내 처녀를 버렸다. 그래, 잃었던 게 아니라 버렸던 게 맞다. 내 스스로 그에게 주고 싶었으니까. 아마도 난 그를 처음 보자마자 사랑해버린 것 같다. 여자들은 처녀를 잃을 때 제일 먼저 엄마 생각을 한다고 했던가? 그런데 이 바보 같은 역겨운 눈물은 왜 나오는 것일까."『마지막 사람들』(이빈)

"이런 격정적인 기분은 어디에서 오는 걸까? 괜찮아! 키리시마라면 나 절대 후회하지 않아! 모든 것을 받아들이자. 기쁨도 괴로움도 나의 전부로."『미스(Miss)』(아시하라 히나코)

 몸으로 하는 일 중 상당수는 직접 해보기 전까진 이해하기 어렵다. 섹스도 그렇다. 그러나 잃는다, 지킨다, 받아들인다 같은 단어가 묘사하는 건 아주 일부에 불과하다. 세상이 미혼 상태인 여자와 성적 행위를 결부해 씌운 겹겹의 의미를 생각하면 미흡한 표현이라는 생각밖에 들지 않는다.
 그렇다면 남이 하는 걸 볼 수 있는 야동은 왜 찾지 않았는가. 지금보다 찾아 보기 어려웠기 때문이기도 하지만 그보다 실제 성인 남녀의 섹스 장면을 열심히 찾아볼 이유가 없었다. 어찌저찌 한 번쯤 봤어도 굳이 계속 볼 만큼 매력을 못 느꼈다는 표현이 맞겠다. 외적으로 전혀 매력이 없는 남자가 등장하는 일본 AV나 노란 장판과 여관 인테리어가 적나라한 국산 에로물이 10대 여자애가 번거로움을 무릅쓰고 꾸준히 감상할 가치가 있을 리가!

남자들과 달리 여자애들 사회에서 섹스 지식과 경험은 절대 과시할 거리가 되지 않는다. 그 온도 차이를 대학 신입생 때 느꼈다. 어른이 됐다는 기분을 만끽하며 나름 음담패설을 나눴지만 여자애들이 털어놓는 수준은 남자 친구가 가슴을 만지려고 시도했다는 정도였다. 나도 다른 아이들도 첫 경험을 했다는 것을 굳이 제일 먼저 털어놓는 사람이 될 필요가 없음을 암묵적으로 알았다. 남자 동기 중에는 그때까지 열 명 넘는 여자와 잤다는 이야기를 공공연하게 하고 다닌 애도 있었는데.

그렇다고 여자애들이 성욕이나 성적 호기심이 없는가 하면, 아니오, 그럴 리가요. 서로 쉬쉬했을 뿐 모두 각자의 방식대로 궁금증을 해소해갔을 것이다.

제목부터 무려 『섹시 보이』인 신조 마유의 만화는 성적 호기심이 가득한 여중생들의 마음을 사로잡기에 충분했다. 나중에 『두근두근 프레이즈』라는 제목으로 정식 출판된 책 뒤표지에 적힌 줄거리를 볼까?

"특기가 국어뿐인 아이네는 작사 오디션을 위해 써둔 가사를 잃어버리고 만다. 그런데 그 가사를 듣게 된 건 5만 명이 열광하는 도쿄 돔! 초인기 밴드 류시퍼의 보컬인 사쿠야가 거리에서 가사를 주워 곡을 붙인 것. 아이네는 사쿠야로부터 루시퍼의 노랫말을, 그것도 야한 것으로 써달라고 종용당하는데…."

작사에 소질이 있는 여주인공이 야한 가사를 쓰는 작사가가 되어 인기 밴드맨과 엮인다는 이야기다. 사실 줄거리 따위 상관없다. "신조 마유 선생의 그림은 상형문자 수준이에요. 그림만 봐도 줄거리 모두 이해 가능…." 어느 블로그 리뷰처럼 이 시리즈에는 주인공들이 고등학생이라는 걸 믿을 수 없을 정도로 수위 높은 연출이 비슷한 패턴으로 시도 때도 없이 반복된다. 너무 아는 척을 해도 안 되지만 또 친구들 사이에서 애 취급은 당하기 싫은 여중생들, 어떻게 보면 『섹시 보이』는 평범한 10대 여자애들이 받아들일 만한 수준을 여성 입장에서 묘사했기에 인기를 끌었다. 쾌감은 느껴야 하지만 원하는 것을 먼저 말하면 '닳고 닳은' 여자애가 된다. 아이네에게는 가사를 쓰려면 영감을 얻어야 하고 그러려면 성적인 자극을 받아야 한다는 당위성이 있다. 이 모든 플레이는 내가 아닌 상대방을 위한 것인 셈이다.

성적 호기심은 있지만 수위를 두고 서로 눈치 게임을 하던 때, 정말 중요한 건 입 밖으로 내지 못하던 그때, 야오이물이 인기를 끈 건 당연한 일이었다. H.O.T., 신화, god 등 1~1.5세대 아이돌 그룹의 팬픽이 인기를 끌면서 야오이 만화는 2000년대 초반 천안 외곽에 자리한 중학교에도 뿌리를 튼튼히 내리기 시작한다. 아예 게이 야동을 보는 애들도 있었다. 컴퓨터실에서 한 친구가 삽입 중인 게이 커플의 gif를 보여줘 화들짝 놀란 적도 있다.

남녀의 섹스신이 등장하는 콘텐츠에는 맘껏 관심을 보이지 못한 여자애들이 남남 커플이 등장하는 콘텐츠의 섹스신은 공공연하게 즐긴 셈이다. 지금은 BL(Boy's Love), 알패스(Role Passing)라고 불리는 야오이와 팬픽 문화가 아시아 문화권에 속한 소녀들에게 유독 인기인 이유가 여성을 성적으로 억압하는 문화 때문이라는 분석이 있다. 나는 이 의견에 크게 동의한다. 어린 여자인 나는 섹스 이야기를 할 수 없지만 남자 캐릭터를 빌려서는 논할 수 있다. 여자 주인공이 '처녀'를 잃는 순간 두 사람의 사랑은 순수한 빛을 바래기 일쑤지만, 남자들끼리라면 정조를 잃는 장면은 이입을 크게 방해하지 않으며 오히려 안 하면 이상한 것이다. 왜? 남자들의 성욕은 당연한 것이니까.

그러나 이런저런 장르와 화면을 합쳐 10대 시절 내가 기억하는 가장 강렬한 섹스신은 (순정만화는 아니지만) 『최종병기 그녀』(타카하시 신)의 장면이다. 영화로도 만들어진 이 만화의 설정은 꽤 비장하다. 서툰 연애를 시작한 고등학교 커플 슈지와 치세. 한없이 평온하던 세상은 어느 날 세계 멸망을 예고하는 전쟁에 휘말린다. 그리고 슈지는 여자 친구 치세가 세상을 구할 최종병기라는 사실을 알게 된다. 치세는 최종병기로 개조되려면 몸이 완전히 사이보그화되어야 한다. 그전에 슈지와 연결되길 바라는 간절함 속에서 두 사람의 첫 섹스가 이루어진다.

"온몸이 노곤해지자, 병아리처럼 몸을 둥글게 말고 서로를 지키는 듯한 모습으로 잠들었다. 그것은 사랑의 일부분이자, 전부이며 끝이기도 했다."

타인인 두 사람이 정신적으로나 실체적으로나 완전하게 결합되던 장면. 작가 스스로 피하거나 어물쩡 넘기지 않고 표현하려고 했다는 두 사람의 섹스신은 무려 여덟 쪽에 걸쳐 묘사된다. 왜 '성교'나 '교합'처럼 섹스를 표현하는 말에 '사귈 교(交)'가 들어가는지 단번에 이해할 수 있는 장면이었다. 섹스는 사랑하는 사람들끼리 하는 궁극적인 교감이라는, 성교육 자료 문구에나 쓰일 표현에 공감을 해버리다니!

이 장면이 그때는 왜 그렇게 애절하고 낭만적으로 느껴졌던 걸까. 그 감상 또한 미경험자의 낭만적인 덧칠이었을 뿐, 좋아하는 사람과 내 의지로 관계를 가져도 만화 속 반짝이는 장면보다 야동 속 행위가 실제에 더 가깝기 마련이라는 건 그 후에나 알게 됐다 (그게 반드시 나쁘다는 것도 아니다.)

대부분 정서적인 표현에 그쳤다 해도 남성 시각의 콘텐츠가 넘쳐나고 미혼 여성의 성은 쉬쉬하는 세상에서 여성의 시선과 입장을 반영했다는 것, 그것만으로도 순정만화의 섹스신은 더 높게 평가받을 필요가 있다. 이제는 여자들의 성욕과 경험을 적나라하게 표현한 만화도 많다.

"개쓰ㅂ… 빨리 하고 그냥 끝냈으면 좋겠다.

즐거운 걸 생각해보자… 고양이… 귀여운 고양이가 담벼락을 지나간다."

"역대급이라고 해서 본 일본 여배우의 첫 경험 야동… 에이 맘 아파서 못 보겠다. 남배우 털도 드러워…." 『연애고자 모하나』(괭씨)

"정해진 시간에 매일 약까지 먹으며 섹스를 해줄 준비를 하네. 존나 나는 그 행위에서 아무것도 얻지 못하는데."
"너는 내가 하루 종일 애교 떨고 귀여운 짓 하고 야한 농담, 야한 행동으로 즐겁게 해주기만 바라지? 정말 마음속에 있는 얘기 하는 건 싫은 거야. 골치 아프니까. 너도 조금은 알고 있었을 텐데." 『가고싶다』(조아해)

주인공들의 망한 경험담과 고민은 이기적인 섹스를 하는 상대방을 향한 비난이나 비웃음에서 멈추지 않는다. 이 만화들은 주인공이 수치스럽고 굴욕적인 흑역사가 난무하는 연애라는 과정을 거쳐 인격적으로도 성숙해지는 이야기이기도 하다. 이 묘사들이 나는 정말 눈물 나도록 공감이 간다. 내 경험이 '저 정도'는 아니었는데도 말이다. 조아해 작가 또한 작가 일기에서 놀라움을 표한 바 있다.

"가장 놀라운 건 여러분이 나의 고백에 공감해 준다는 것입니다. 내 일상의 가장 밑바닥, 나의 아주 개인적인 상처였는데 공감툰이라고 불린다…!"

연애나 섹스를 하기 전 10대의 나는 이 만화들을 봤더라도 오랜 시간 덧칠된 낭만의 필터를 벗겨내진 못했을 거다. 왜 여주인공들이 하기 싫은 섹스를 하는지, 왜 '너 별로야'라고 직설적으로 말하지 못하는지, 왜 피임 때문에 그렇게 전전긍긍하는지 이유를 짐작조차 하지 못하겠지. 나와 가까운 남자 사람들은 내가 미친 듯이 웃은 장면들을 보고 웃을 수 있을까? 글쎄, 팬티에 묻은 생리혈을 본 주인공이 안도의 한숨을 쉬는 장면이 나오는 이 만화들을 계속 보고 싶어 하거나 이해할 수 있는 남자는 별로 없을 것 같다.

정신적으로나 실체적으로나 완전하게 결합되는 어쩌구 같은 건 없는 건 아닐까. 타카하시 신에게 물어보고 싶다.

오, 우정이여

"어휴, 여고생들도 아니고…."

단도직입적으로, 나는 이 말이 싫다. 여자가 훨씬 많은 환경에서 일하고 있기 때문일까? 일로 만난 관계나 모임에서 감정적인 신경전이 벌어질 때, 그래서 서로 비난하고 견제할 때, '여자끼리의' 문제를 이야기할 때, 이런 표현이 곧잘 등장한다. 그리고 나는 이 표현을 들을 때마다 머릿속에 물음표가 그려진다.

아니 그럼 치고받는 물리적인 폭력이 더 낫단 말인가? 네 컷 만화 『아라사의 달콤한 일상』(미네나 유카)에도 여자들의 괴롭힘이 음험하다고 비난하는 남자들 사고 방식에 반문하는 장면이 나온다. '남자들의 괴롭힘에는 폭력, 갈취, 성적인 괴롭힘까지 포함되는데, 무시무시한 점은 그런 자신들이 잔혹하다는 자각조차 없는 게 아닐까?'라고 생각하는 장면이다.

흔히 쓰이는 여고생 운운하는 이 말이 그렇게도 듣기 싫은 건 남자들의 관계성을 기본형으로 두고 여자끼리의 관계는 우정의 형식에서 벗어난 것으로 여기고, 폄하할 준비가 된 것처럼 느껴지기 때문이겠지.

'좋아, 그렇다면 이 몸이 여자의 우정과 연대가 뭔지 보여주지!' 하는 마음으로 살았더라면 좋았으련만, 내 여고 시절의 우정 또한 아름답다는 말로 표현하기에는 어색한 면이 많다. 몇몇을 제외하면 그 시절에 대한 내 기억 대부분은 지나친 애착에서 비롯한 소외감, 견제, 과도한 갈망, 과시 같은 미세하고 촘촘한 신경전들이 차지한다.

저녁 시간을 곧잘 함께 보내던 친구가 실은 내가 아끼는 CD 열 몇 장이 담긴 케이스를 훔쳤다는 사실을 알았을 때, 나는 그 친구에게 어떻게 대응해야 했을까. 그 애가 중학교 때부터 도벽으로 유명했다는 사실을 나는 까맣게 몰랐다. 얼마 전에도 만난 동창 한 명과는 고3 즈음 한 달 동안 말 한 마디 하지 않은 적이 있다. 마침 생일을 맞은 그 애를 위해 다른 친구들이 생일 케이크를 가운데 두고 축하하는 동안 교실 구석에 멀뚱히 앉아 그 광경을 모른 척해야 했던 15분 남짓한 시간. 그때 내가 느낀 먹먹한 감정에 대해, 우리는 그 후로 한 번도 이야기 나눈 적이 없다. 모두가 스트레스로 예민한 때였으니 어쩔 수 없었다고, 그때의 우리는 진짜 우리가 아니었다고 생각할 뿐이다.

서른 무렵에는 친구의 전 애인과 사귀게 된 걸 연애 초반에 비밀에 부친 바람에 정말 가까웠던 그 친구와 절교를 하기도 했다. 우정을 유지하기 위해서는 깨뜨려서는 안 되는 불문율, '남자 때문에 친구를 버리는 일'까지 한 나인데, 그런 내가 우정에 대해 말한다니 코웃음 칠 일인지도 모르겠다.

그럼에도 불구하고 나는 여자들의 우정에 대해 이야기하고 싶다. 결과야 어쨌든 정말 나는 단 한 번도 여자들끼리의 우정에 회의감을 갖거나 그 존재의 가능성을 얕본 적이 없다. 그래서 여자들의 관계를 낮잡는 '여고생들도 아니고' 같은 말에 담긴 멸시를 용납할 수 없다.

일상에서건 창작물에서건 남자들의 우정과 의리는 얼마나 당연한 것으로, 중요한 것으로 평가받는가. 우정을 위해서라면 자기 가족도, 가정도, 심지어 자기 목숨까지 갈아 넣어도 괜찮다는 식이다(그런 게 괜찮을 리 없잖아!) 반면 여자들의 우정은 세상의 환영을 받지 못한다. 관계가 흔들릴 낌새가 조금이라도 보이면 '그럴 줄 알았다'는 식의 평가대에 오른다.

우정은 정말 어렵다. 그렇지 않나? 특별한 우정은 정서적으로 엄청난 충만감을 주지만 그렇다고 가족처럼 어느 정도 선을 넘는 게 용인될 정도로 끈끈하지는 않다. 때로는 애인보다 더 자주 더 많은 것을 친구 사이에 공유하면서도 일정한 정도를 넘는 열정은 도리어 이상하다고 여겨진다. 명백한 이별과 헤어짐이라는 과정이 없기에 한때 충실했던 관계가 시들해지더라도 미지근해진 온도와 거리감을 감수할 줄 알아야 한다. 어떤 제도도 이 관계를 보장해주지 않으니 관계를 유지 보수하려면 양쪽 모두 어느 만큼의 애정은 또 끝없이 불어넣어야 한다. '친구니까' 종종 다른 관계에 밀려 2순위가 될 수밖에 없다는 데 기꺼이 합의하는 한편으로, 가장 넓은 이해심을 보이고 시간이 흐를수록 달라지는 각자의 직업, 경제적 위치, 가까운 사람들, 가치관의 변화까지 고려해야 하는 관계라니. 그래서 수십 년간 우정을 유지하는 일이 나에게는 굉장한 저글링처럼 느껴진다.

"쟤는 사랑꾼이야." "너는 남자 친구가 더 중요해?" 친구나 지인들로부터 이런 말을 들을 때 생각했다. 나는 정말 우정에 재능이 없는 거 아닐까? 꼭 순정만화 때문은 아니어도 일대일의 낭만적 결속이 중요하다고 끝없이 주입 받은 결과, 나도 모르게 연애감정을 모든 것의 위에 놓은 건 아니었을까?

하지만 얼마 전 우정과 성애를 구분하는 것의 무용함에 대해 진지하게 생각한 이후로 조금 바뀌었다. 어쩌면 내가 여자들끼리의 우정을 믿는 것이야말로 순정만화 때문일지도 모른다고 말이다.

'여자의 적은 여자'라는, '여적여'라는 말이 있다. 남자 주인공의 마음을 사로잡은 여자 주인공을 질투한 나머지 둘 사이를 방해하거나 음모를 꾸미는 악역 여자애는 순정만화의 아주 흔한 클리셰처럼 여겨진다. 그런데 곰곰이 생각해보면 정작 순정만화 작품 중에서 이런 구도가 도드라지는 작품은 그다지 많지 않다. 여자 주인공을 질투하고 훼방하고 해치는 캐릭터보다는 오히려 여주인공의 든든한 조력자로, 우정과 성장의 중요한 매개로 등장하는 여성 캐릭터의 폭이 훨씬 넓다. 악역이나 라이벌로 등장한 여자아이와 주인공조차 다양한 변화를 거쳐 서로 오해를 풀고 친구가 되는 결말로 향하는 경우도 많다.

　이 글을 쓰고 있는 지금 바로 내 눈앞에 있는 책꽂이의 만화들 내용을 하나하나 떠올려봐도 그렇다. 주인공이 사랑을 찾아가는 과정만큼이나 옆에 있는 다른 여자 캐릭터들의 관계도 중요하다. 그리고 이들은 주인공이 성장하는 데 가장 큰 영향을 끼친다.

　앞에서 안타까운 러브 스토리만 있는 것처럼 이야기했지만 『나나』에서 가장 중요한 관계는 나나와 하치 두 사람의 관계다. 단행본의 모든 커버에 두 사람만 등장할 정도다. 친구 하치를 나날이 애틋하게 여기는 자신의 마음에 어쩔 줄 몰라 하는 오사키 나나가 있고, 어떻게든 나나에게 힘이 되기 위해 고군분투하는 하치가 있다.

　『해피 매니아』에는 시게타의 폭주하는 연애를 가장 가까이에서 지켜보며 물심양면 지원하는 베프

후크가 있다. 『다정다감』 또한 남자 주인공인 강한결과 신새륜만 있는 것이 아니다. 이지가 '도갱-'이라고 부르며 늘 의지하는 문도경을 포함해 반장과 민이 같은 여러 여자 친구가 함께 이야기를 만들어간다.

『걸스(Girls)!』(이빈)는 여자 고등학생들의 이야기다. 내 또래들이 캠퍼스 라이프를 상상하는 데 〈논스톱〉 같은 시트콤이 지대한 영향을 끼쳤다면, 초등학생이었던 내게 『걸스!』는 여자고등학교의 풍경을 가장 구체적으로 알려준 만화였다. 고교평준화가 이뤄지지 않았던 우리 지역에서 남녀공학 진학은 불가능하다는 운명을 일찌감치 직감했기 때문일 수도 있지만, 이 만화를 보면서 무엇보다 발랄한 주인공들이 나누는 우정이 좋았다.

흑발에 카리스마 넘치는 뻔뻔한 부반장 화정이, 해맑고 엉뚱한 사고뭉치 람바다, 사나운 외모와 달리 마음 여린 무라이, 거울을 달고 사는 왕공주와 동그란 안경이 트레이드마크인 마음 여린 꼬마 반장…. 나 또한 이 왁자지껄한 풍경의 일원이 될 수 있을 거라고, 재미있고 듬직한 친구들이 생길 거라고 믿어 의심치 않았다.

"여긴 학교야. 그냥 어린 여자애들이 모여서 공부하는 곳 (…) 괴짜들과 공부 벌레들. 평범한 아이들이 함께 있는 곳"이라는 반장의 대사처럼, 『걸스!』에서 학교는 로맨스나 특별한 사건이 벌어지는 배경이 아니라 생활의 공간, 아이들과 선생님이 있는 곳이다. 졸업하고서야 기이하게 느낀 것도 그런 점이었다. 누군가 나를 때리거나 내 행동을 제약할 권리를 가진 걸 당연하게 생각했다는 것, 우연히 같은 반이 됐다는 점을 빼면 서로 너무나 다른 수십 명과 하루 종일 함께 보냈다는 것. 애정과 호기심이 피로감으로 둔갑하게 된 것도 당연하지 않았을까. 사랑처럼 우정에도 기술과 노력이 필요하다는 걸 누군가 알려줬다면 좋았을 텐데.

"10대 때는 다양한 관계를 맺으면서 충족됐던 친밀성과 섹슈얼리티에 대한 욕구가 대학에 들어오면서 이성애 규범을 통해 깎이는 경우가 더 흔한 것 같아요. 이성애 연애라는 각본에 걸맞게 노력하면서 열렬한 사랑을 느끼고 경험을 미화하는 과정에서 여자 친구들과 멀어지죠." 페미니즘 책을 활발하게 쓰고 번역하는 이민경 작가 인터뷰에서 들은 말이다.

아, 나는 이게 뭔지 안다. 마침 이 감정을 언어로 정확하게 포착한 소설도 있다. 1987년생인 김세희 작가가 쓴 「항구의 사랑」이다. '시내'라고 부를 만한 곳이라고는 한 곳뿐인 2000년대 초반 목포의 여고.

주인공과 여자 친구들은 같은 동아리 선배를 같이 흠모하기도 하면서 다채로운 감정을 품어간다. 그리고 대학교에 입학한 순간부터 언제 그랬냐는 듯 머리를 기르고, 치마를 입고, 남자와의 연애가 세상에서 가장 재미있는 일인 것처럼 군다. 수능 끝난 지 얼마 되지 않아 응당 그래야 한다는 듯 다른 학교 오빠들과 친한 체하며 첫 연애를 시작했던 나처럼 말이다.

비디오방에 나란히 누워 〈고양이를 부탁해〉, 〈여고괴담〉 같은 영화를 볼 때나 다른 반 친구와 점심시간, 저녁 자율학습 시간에 짬을 내 만나는 것만으로도 행복해졌던 그 모든 감정은 어떻게 그렇게 빨리 휘발되어버렸을까? 조금도 소중하지 않았던 것처럼.

고등학교를 졸업하고 1년쯤 지나 만난 친구들은 안경을 벗고 머리를 기르고 치마를 입고 있었다. '여고'라는 특수한 공간을 벗어나 밖으로 나간 순간, 세상에서 어떤 감정이 보편적인 것으로 취급받는지, 그런 세상에서 어떤 역할을 앞으로 수행해야 하는지 다들 직감적으로 알았기 때문이겠지.

순정만화 속 일생일대의 사랑을 현실에서 거머쥐지 못했듯이 우정의 범주에 들어갈 만한 내 관계들 또한 돌아보면 지극히 보통에 가깝다. 그러나 확실한 건 있다. 지금의 내가 친밀감과 관심을 주고받는 사이는 대부분 여자들이라는 사실이다.

나고 자란 곳도 나이대도 다르고 살아가는 풍경도 다르지만, 비슷한 시각과 관심사를 공유하는 사람들. 나이를 먹으면서 새롭게 깨달은 고모와 숙모, 이모 들의 어떤 관계들. 누구누구 '씨'라고 부르지만 그 호칭을 넘어서는 친밀함을 갖는 관계들. 어린 시절을 함께 보낸 친구들과의 우정과는 또 다른 결을 가진 이 관계들에 대해서도 나는 나름의 최선을 다하고 싶다.

>네가 기쁠 땐 날 잊어도 좋아
>즐거울 땐 방해할 필요가 없지
>네가 슬플 땐 나를 찾아와줘
>너를 감싸 안고 같이 울어줄게
>네가 친구와 같이 있을 때면
>구경꾼처럼 휘파람을 불게

지금도 곧잘 듣는 이 노래, 산울림의 '무지개'를 처음 알게 된 건 이시영 작가의 『필 소 굿(Feel So Good)』에서였다. 만화 속에서는 열렬한 러브송에 가깝게 쓰였지만 그런 것쯤 상관없지. 어떤 상대방을 향해 호기심과 애정을 가지는 것. 그런 다정함을 잃지 않고 앞으로 계속 나아가고 싶다.

만화가 시키는 대로 입었습니다

"쟤는 패션 잡지사 다닌다면서 옷은 좀 못 입는 것 같아."

"그래 마루야. 그 신발은 좀 많이 이상하다. 그것도 비싼 거니?"

도트 무늬 원피스에 직구로 갓 구입한 스텔라 매카트니의 어글리스니커즈를 신고 가족 모임에 간 날, 엄마와 막내 이모는 나에게 이렇게 말했다. 아, 오해할까 봐 말하자면 엄마와 이모는 나에게 예쁘다는 말을 가장 많이 해주는 사람들이다. 두 사람 눈에 내 코는 오똑한 콧대를 자랑하고, 얼굴은 미인의 조건인 계란형이며, 각선미도 타고 났다. 그런 두 사람도 예쁘다고 해주지 못한 그 신발은 확실히 별로였던 것 같다. 얼마 전 블랙프라이데이를 맞아 직구 사이트에 다시 접속했을 때 50퍼센트나 세일 중이었던 걸 보면 말이다. 겐조의 호랑이가 한창 인기였을 때 소심한 사이즈의 귀걸이를 하고 나갔다가 친구로부터 "너 왜 고려대 마크를 귀에 걸고 다녀?"라는 이야기를 들은 적도 있다. 그러게… 그렇게 보일 수도 있다는 걸 몰랐네.

고백하건대 나는 뭘 입고 걸치는 데 신경을 많이 쓰는 사람이다. 사회 생활을 위해 마지못해 트렌드나 TPO를 고려해서 입는 게 아니라 진짜로 이 옷과 저 옷, 이 양말과 저 구두 같은 나만 아는 디테일에 신경 쓰는 사람. 출근하면서 입은 옷이 끔찍하게 마음에 안 들면 점심 시간에라도 집에 가서 옷을 갈아입고 와야 하며, 오늘 이 컬러를 꼭 입고 싶다는 생각이 들면 그 옷에 맞춰 옷을 몇 번이고 벗었다 입었다 하는 사람. 그러나 막상 귀찮음 때문에 머리는 이틀에 한 번 겨우 감고, 옷에는 늘 고양이 털 아니면 어제 먹은 마라탕 국물 자국이 희미하게 튀어 있어 슬픈 사람(이 글을 쓰고 있는 지금도 최근 주구장창 입고 있는 연두색 스웨트셔츠 한복판에 튄 국물 자국들이 보인다.)

결국 나는 멋 부리는 데 쓰는 나름의 에너지에 비하면 옷을 잘 입는 사람으로는 보이지 않는다. 특히 격식을 갖춘 의상을 입어야 하는 상황이 닥치면 내 옷장은 텅텅 빈 거나 다름없다. 내 옷 중에서 가장 '포멀한' 것들을 걸쳤는데도 왜 나는 결혼식 단체 사진 속에서 다른 하객들과 조화를 이루지 못한 채 서 있는지. 저 유명한 '송은이 하객 패션 사진' 속 송은이처럼 분홍색 스포츠점퍼에 선글라스를 끼고 간 것도 아닌데.

당연하게도 순정만화에서도 패션은 꽤 중요한 요소다. 대개 매력적이고 개성 있는 존재로 그려지는 주인공들이 옷을 못 입으면 이야기에 이입할 수 있겠는가. 평범한 인물도 순정만화에서는 최소 칠등신에 다리가 긴 아름다운 그림체로 묘사된다. 헤어스타일도 현실과는 달리 제약 없이 얼마든 자유자재로 바꿀 수 있다. 어떤 컬러 어떤 패턴도 몸에 착 붙은 듯 소화하는 것은 물론이다. 보행의 자유라고는 전혀 없을 것 같은 신발, 현실에서는 볼륨감을 유지할 수 없을 것 같은 스커트도 만화에서라면 오케이다. 게다가 근사한 효과를 선사할 온갖 배경도 준비돼 있다. 그러니 만화의 주제가 패션 자체라면? 그야말로 엄청난 일이 일어난다.

"움직이면 바람을 맞고 꽃도 소매도 옷자락도 날개처럼 가벼운 드레스. 그런 척하기만 하는 건 시시해. 행복은 스스로 날아가 잡아야 돼."『내 남자친구 이야기』

"어딘가에 있을 그런 여자애가 입고 있을 옷을 상상하자. 연인에게 기분 좋게 느껴지고, 어떤 포즈를 취해도 귀엽고, 언제든 자기다운 사랑스러움이 나오는 옷. 숨이 막힐 정도로 꼬옥 안겨서… 눈물이 나올 만큼 좋아한다고 생각하는

순간에… 어떤 드레스를 입고 싶을까? 샌들은? 액세서리는?" 『젤리빈즈』(안노 모요코)

패션계가 배경인 만화에서 옷을 사랑하는 여주인공들의 대사란 이런 식이다. 스타일은 특별하고 소중한 순간을 맞이한 자신의 기분을 가장 뚜렷하게 표현하는 방법이다. 그리고 나는 이런 패셔너블한 캐릭터들을 사랑했다. 꾸미지 않아도 자연스럽게 예쁜 미소녀 설정보다는 요란뻑적지근하게 자기 스타일을 찾아가는 캐릭터들이 좋았다. 스스로를 독려하기 위해 귀를 뚫고, 교복 스카프를 딸기색으로 물들이고, 긴 금발을 쇼트커트로 자르고 핑크색으로 염색하는 『내 남자친구 이야기』의 미카코처럼.

이런 인물들은 캐릭터 설정을 뛰어넘는 자기만의 스타일을 고수한다. 작가가 진짜로 옷을 좋아해서, 신이 나서 모든 등장 인물의 옷 하나하나를 열심히 그려 입힌 느낌이랄까. 옷이나 헤어스타일이 기분을 좌지우지하기도 하고 인생의 목표가 될 수도 있다는 것, 특정한 순간에 입어서 정말 행복해지는 옷이 있다는 걸 나는 만화를 보며 상상한 셈이었다. 10대 초중반에는 어정쩡하게 교복을 입었고, 내 마음대로 옷을 살 수 있는 용돈도, 맘껏 멋 부리고 놀러 갈 장소도 없었다. 그러니 특정한 상황에서 특정한 옷을 입었을 때 생기는 고양감과 만족감이라는 건 상상만 했던 것 같다.

음악이 좋아야 음악영화로서 가치가 있듯이 패션이 돋보이는 만화는 반드시 의상과 연출이 스타일리시해야 했다. 촌스러운 패션 만화라니, 그런 건 말도 안 돼. 그중에서도 특히나 스타일리시했던 한국 순정만화를 생각하면 단연 90년대 중후반에 발표된 이빈의 만화들이 가장 먼저 떠오른다. 교복 치마에 일렉트릭기타를 메고 '스멜스 라이크 틴 스피릿(Smells Like Teen Spirit)'을 부르는 장신의 여자 주인공 준휘가 등장하는 『틴에이지 팬클럽』, 주인공 혜정의 모든 게 간지 나는 『크레이지 러브 스토리』(혜정은 시력이 마이너스인데 안경이나 콘택트렌즈 따위를 끼지 않는다. 흐릿하고 삐뚤어진 세상을 즐기고 있기 때문이다.)

이런 만화를 볼 때면 책장을 넘기는 것만으로 한 번도 가본 적 없는 서울 이태원이나 압구정과 썩 어울리는 어른이 된 것 같은 기분이 들었다. 흑발 남주를 그리는 데 일가견이 있었던 하시현은 또 어땠나. 연재와 동시에 폭발적인 인기를 얻은 『코믹』은 'The Sto-ry of New Citizen, New Generation'이라는 부제가 달린 만큼 감각적인 단행본 표지부터 심상치 않았다. 특히나 남자 주인공이 달마시안 패턴의 타이트한 상하의를 입고 검은 장갑을 낀 채 엎드려 있는 1권 표지는 '강회승 충성 충성'을 외치게 하기에 충분했다. 어쩜 이름도 강회승이라니.

서당 개도 3년이면 풍월을 읊는다니, 이 정도는 말할 수 있겠다. 어떤 스타일과 복식은 특정한 세대를 상징하며 문화역사적 맥락을 갖는다. 이브 생로랑이 혁신적인 이유는 서구에서 여성 해방 운동이 한창이었던 1960년대에 최초의 여성용 바지 수트인 '르스모킹룩'을 선보였기 때문이고, 비틀즈의 모즈 룩과 롤링스톤스의 히피 룩은 단연 반전과 평화를 외치던 1970년대의 분위기를 상기시킨다. 그리고 우리는 비닐 바지를 보면 90년대 한국 가요계를 떠올리지 않을 수 없다(이건 농담이다.)

어쨌든 아이코닉한 패션을 등장시키는 것만으로도 만화 캐릭터의 상당 부분을 설명할 수 있다는 것이다. 그렇다. 패션과 스타일은 캐릭터는 물론이고 만화 전체의 무드를 드러내는 가장 효과적인 장치다. 『언플러그드 보이』의 현겸이를 보면 H.O.T.가 등장하고 힙합이 대중화되기 시작한 90년대 중후반의 문화가 곧바로 떠오른다. 실제로 천계영 작가는 '컬래

버레이션'이라는 개념도 희미했던 1998년, SM과 협업해 H.O.T. '우리들의 맹세' 뮤직비디오를 만들었다. 그뿐인가. 작가가 그린 H.O.T. 캐릭터 노트는 전국적으로 수백만 권이 판매됐다는 이야기가 전설처럼 내려온다. 원래 법학을 전공했지만 패션에도 관심이 많았던 작가는 나중에 다음웹툰에 『드레스코드』라는 패션 가이드를 연재하기도 한다.

또 야자와 아이 이야기를 꺼내도 되나 싶지만 순정만화와 패션을 이야기할 때 야자와 아이는 정말 빼놓을 수 없다. 등장 인물들이 패션 디자이너를 꿈꾼 『내 남자친구 이야기』나 『파라다이스 키스』보다도 『나나』속 패션이 나에게는 더 강렬하게 기억에 남았다. 실존하는 비비안 웨스트우드의 의상을 백 퍼센트 활용했기 때문이다. 펑크밴드 보컬인 주인공 오사키 나나는 물론이고 밴드의 매니저와 팬들마저 하트 러펠 재킷, 모자, 타탄 체크, 플랫폼 구두, 시그니처 백과 액세서리 등으로 온몸을 휘감고 나오는 만화라니! 만화 속 인물들의 패션은 펑크밴드의 비주얼로도 찰떡이거니와 『나나』의 이야기와도 맥락이 완벽하게 맞아떨어진다.

비비안 웨스트우드는 1970년대 런던 펑크신의 상징인 섹스피스톨스와 친분이 있었고 펑크 패션을 주도하며 성장한 디자이너다. 나나의 연인이자 기타리스트인 렌은 섹스피스톨스의 전설적인 인기를 견인한 프런트맨 시드 비셔스를 떠오리게 하는 외모다. 열쇠 없는 자물쇠 목걸이까지 한 나나와 렌을 보며 영화로도 만들어진 시드와 낸시의 실제 이야기를 떠올리지 않기가 불가능할 정도다.

이빈의 2000년대 초 작품 『원(ONE)』 역시 캐릭터 설정에 실제 뮤지션을 반영함으로써 많은 것을 단숨에 효과적으로 설명한다. 이빈 작가가 직접 밝힌 바 있듯이 천재 뮤지션 원음파(원영주)는 서태지를, 반항적인 이미지와 비현실적인 외모로 10대, 20대 여성들의 워너비가 된 유제니는 아무로 나미에를 모델로 삼았다. 연예기획사 시스템, 아이돌, 팬덤, 대중음악을 그린 만화의 설정은 단번에 현실적인 색채를 부여 받았다. 마치 90년대 중반 '아무로 나미에 신드롬'을 묘사하는 NHK의 뉴스 자막으로 그대로 갖다 써도 무리가 없을 것 같은 이런 대사처럼.

"160센티미터 단신에 기이할 만큼 긴 다리.
마른 몸매의 유제니의 단점을 장점으로 끌어올려
'유제니도 할 수 있는데'란 동질감을 여성 팬들로
하여금 끌어냈으며, 나아가 '나도 유제니처럼

되고 싶다'까지 이끌어냈다. (…) 거리에는 유제니의 옷차림과 헤어스타일을 흉내낸 여학생들로 가득했다. 이 신드롬 현상은 아홉 시 저녁 뉴스에까지 보도되었다."

대중문화라는 카테고리 안에서 만화와 음악, 패션은 꽤 밀접하고, 음악도 만화도 좋아했던 내 관심사 역시 그런 식으로 자연스레 넓혀진 것 같다. 앞서 수많은 잡지가 내 인생에 존재했다고 했지만 한편으로는 궁금하다. 그토록 많은 '걸지'가 있던 시대에 고등학생 시절을 보내지 않았다면 과연 패션지로 그토록 자연스레 관심이 옮겨졌을까? '걸지'는 연애와 꾸미는 것, 스타에 본격적으로 눈을 뜬 대략 17~22세의 소녀들을 타깃으로 한 패션지였고, 10대 초반에 순정만화의 호시절을 목도하며 만화잡지에서 주는 화장품 부록들을 모은 내가 '걸지'의 세계에 빠지게 된 것은 매우 자연스러운 수순이었다.

알록달록한 의상, 거대한 액세서리, 캐릭터 티셔츠와 레이스 디테일의 롱드레스, 패턴이 독특한 재킷, 화려한 모자와 케이프 형태의 코트, 팔락이는 롱스커트, 거대한 와펜과 굽이 돋보이는 구두, 롤업진과 멜빵바지와 치마 그리고 거기 어울리는 컬러풀한

메이크업과 헤어스타일. 소녀들로 가득한 걸지의 화보는 만화 속 미적 감각의 연장선이나 다름없었다. 파스텔 컬러와 달콤한 디저트가 흩날리고, 모델들은 비밀스러운 숲속이나 저택, 바다, 학교, 설원, 과자의 집을 배경으로 삼곤 했다.

데본 아오키나 릴리 콜, 젬마 워드처럼 외모가 동화적인 모델들이 신드롬에 가까운 인기를 끈 것도 한몫했을 것이다. 전형적인 미인의 틀에서 한껏 벗어난 얼굴로 이들은 모든 화보를 더 '만화적'으로 만들었으니까(한국에는 공효진, 배두나, 김민희, 신민아가 배우로 전향하던 시기였다.)

패션지를 보면서 기본 아이템에 충실하라거나 좋은 아이템 하나에 돈을 쓰라는 조언에 귀를 기울였다면 얼마나 좋았을까. 그러나 당시의 나는 블루마린의 화려한 러플이나 마크 제이콥스의 컬러풀하고 소녀다운 미감의 의상 그리고 팀 버튼의 영화가 린웨이로 간 듯한 빅토르 앤 롤프 같은 브랜드의 룩을 보는 게 좋았다.

좋은 표현으로 '만화적'인(혹시나 오해할까 봐 덧붙이자면 153센티미터, 53킬로그램인 내 그림체는 뭘 입든 순정만화보다는 명랑만화에 가깝다) 내 취향은 하필이면, 정말 하필이면 고등학교 1학년 2학기부터 1년간 미국 펜실베이니아주의 어느 소도시로 교환학생을 가게 되면서 최악을 맞는다. 한국 학교에서 사복 취향에 대한 실질적인 가이드를 받은 적도 없었고 내 옷차림에 대해 왈가왈부할 부모님도 없는 상황에서 미묘한 쇼핑 천국으로 나 혼자 떨어진 것이다. 미국의 오타쿠라 할 고스족과 아니메족은 소도시에도 존재했고 그 1년간 내가 가장 많이 돈을 쓴 옷가게는 그들이 드나드는 '핫토픽'이라는 브랜드였다. 체스 무늬 넥타이, 타탄 무늬 치마, 악마의 뿔을 닮은 머리띠….

만화책을 따라 패션 감각을 키웠다는 이야기가 과장처럼 느껴질지도 모르겠다. 나 역시 미묘하게 균형이 맞지 않는 내 차림새를 변명하는 수단으로 만화와 걸지 이야기를 꺼낸 건 아닌지 검열하게 된다. 체크 무늬나 꽃 무늬, 과일 패턴 스크린톤을 주인공들 옷으로 곧잘 입힌 순정만화 작가들의 센스를 탓하는 전략을 택하는 편이 나았으려나.

다행히도 얼마전 역사와 전통의 패션지 「I-D」 매거진 사이트에 2018년에 업로드된 기사(How Anime Inspired a Generation of Misfit Fashion)를 발견했다. 어릴 때 보고 자란 애니메이션이 개인의 옷 취향에 어떤 영향을 끼치는가에 대한 이야기다. 그리고 이 기사에서는 당연히 『나나』와 함께 『세일러문』 전사들의 사복 패션도 언급된다. 그러고 보니 패션 에디터 선배도 내게 20대 시절 맨 처음 방문한 런던에서 용돈을 털어 비비안 웨스트우드를 구입했음을 고백한 바 있다. 물론 『나나』의 영향이다.

조금 다른 이야기인데, 이제 '아니메'는 그 자체로 쿨한 패션이 됐다. 루이비통은 『세일러문』과 『신세기 에반게리온』을, 슈프림은 『아키라』를, 꼼데가르송은 『캔디캔디』를 최근 자신의 컬렉션에 프린팅으로 활용하지 않았나. 세일러문보다 10년은 늦게 태어난 Z세대의 아이콘 빌리 아일리시는 세일러문과 파워퍼프걸스 그림이 핸드프린팅된 슬럼피케브(Slumpykev)라는 브랜드 슈트를 입고 레드 카펫에 섰다.

이왕 이렇게 된 거 아예 과감하게 좋아하는 캐릭터가 잔뜩 그려진 티셔츠를 입고 다니는 것도 나쁘지 않을 것 같다는 생각이 든다. 그건 패션 센스보다는 용기의 문제인 것 같기도 하지만.

내 유머가 순정만화에서 비롯한 것이라면

순정만화에 대해 생각하면 생각할수록 '역시 만화책이 짱이야'라는 원초적인 감상이 자꾸만 삐져 나오는 것을 멈출 수 없다. 왜 그동안 더 많은 만화를 읽지 않았는지 안타까울 정도다. 그럼에도 끝까지 인정하기 망설여지는 부분이 있다.

이제 와 하는 말인데 나는 개그 욕심이 있다…. 가끔 사람들로부터 '웃기다'는 말을 듣는 게 나에게는 어떤 칭찬보다 보람차다. 오래전 만났던 남자 친구가 내 친구들과 술을 마시는 자리에서 "나는 마루가 웃겨서 좋아해"라고 한 말이 세상 가장 로맨틱한 플러팅처럼 느껴졌을 정도다. 그런데 내 유머 감각이 순정만화에서 비롯한 것이라면 나는 재미있는 사람이 되는 것에는 실패한 게 아닐까?

만화는 정말이지 개그 포인트를 알기 쉬운 장르다. 아름다운 8등신을 자랑하는 주인공들의 그림체가 갑자기 작고 귀여운 SD(Small Dimension) 캐릭터 사이즈로 전환되는 순간 독자는 곧바로 알아차린다.

'아! 이건 작가가 웃기려고 하는 부분이다!'

그런 부분에는 글꼴과 말풍선 생김새도 묘하게 달라지고 손글씨를 적어 넣기도 하니, 웃기겠다는 작가의 의도를 알아채지 못하려야 못할 수 없다.

소극장 연극을 본 사람이라면 알 거다. 극 전개

에 필요한 다양한 엑스트라 역할을 하는 '멀티맨'이 던지는 한마디, 관객을 겨냥한 치명적인 방백, 정작 극의 주인공은 그 말을 듣지 못하는 부조리한 상황이 웃음을 터뜨리는 데 큰 역할을 한다. 이런 연출 역시 만화에서는 얼마든 찾아볼 수 있다. 또 현실이나 드라마에서의 개그는 말투가 조금이라도 어색하거나 합이 맞지 않으면 곧바로 썰렁한 게 돼버리지만 만화에서는 그럴 염려도 없다. 출연하는 모든 등장 인물이 연기의 신이니까!

도대체 그래서 어떤 만화가 그렇게 웃겼다는 거냐 물으면 가장 먼저 떠오르는 건 대중적으로도 크게 인기를 끈 『타로 이야기』(모리나가 아이)다. 이건 확실히 순정만화를 표방한 개그만화다. 일본과 대만에서 드라마로도 제작됐는데, 대만판 드라마 제목인 『빈궁귀공자』는 이 만화의 정서를 정확하게 포착한 것이라고 하겠다.

주인공 최타로(일단 이름의 절반만 한글화됐다는 것부터 웃기다)는 누구보다 외모가 출중하고 태도도 우아해 모두가 부잣집 자제라고 생각하는 사람이다. 그러나 사실은 찢어지게 가난한 집 장남이다. 태생 좋은 도련님이자 타로의 가까운 친구인 상규는 이 사실을 아는 몇 안 되는 사람 중 하나다. 원래는 부자

였었기에 금전 개념이라고는 없는 사랑꾼인 타로의 부모님, 동생 아홉 명마저 모두 미모가 뛰어나다는 놀랍도록 외모지상주의적인 설정.

『타로 이야기』의 수많은 웃음 포인트는 사람들이 타로네 일가를 부잣집이라고 생각하고 타로의 행동을 개성이나 소탈함으로 착각할 때, 타로네 일가가 멀끔한 외모로 상상을 초월하는 행동을 저지를 때 발생한다. 1년 치 식량을 구비할 수 있는 밸런타인데이에 온 식구가 사활을 건다거나, 손가락에 묻은 음식이 아까워 낼름 핥아먹은 타로의 행동을 여자 캐릭터가 오해한다거나, 타로의 동생들이 반려견 순돌이를 귀여워한 이유가 굶주린 그들 눈에 먹음직스러운 비상식량처럼 보여서라거나…(물론 이렇게 구구절절 쓰니까 전혀 재미있는 것 같지 않지만 말이다. 그리고 다행히 순돌이는 부잣집에 입양된다).

타로 가문의 미모가 주구장창 강조되는 『타로 이야기』를 비롯해서 순정만화가 전복적인 지점이 있다면 남자의 외모를 매우 꾸준히, 자주 언급한다는 점이 아닐까? 지금이야 귀여니가 쏘아 올린 꽃미남 시대를 거쳐 메이크업쯤은 가뿐히 소화하는 케이팝 전성 시대에 이르렀으니 '남자도 관리해야지'라는 말이 크게 낯설지 않지만 2000년대 초반만 해도 그렇지 않았다. 그래서 외모와 관련된 설정을 전면에 내세워 웃음을 자아내는 게 가능하기도 했다.

2003년작 『엘리제를 위하여』(김정은)의 배경은 아예 꽃미남 배우 정우성이 대통령이 된 시대다. 민족의 화합, 국민의 단결이 이토록 강렬한 적이 있었을까? 배 나오고 목소리만 큰 정치인들은 사라진 지 오래다. 잘생긴 리더 그리고 아름다운 정치인들은 국가 위상을 전 세계에 드높이며 부정부패를 척결하고 국민 대통합을 이끈다. 이 만화를 읽으며 나오는 웃음은 황당함에서 생긴 낄낄거림에 가까웠지만 시간이 흘러 2009년 즈음, 당시 남북의 리더였던 이명박 전 대통령과 김정일 위원장의 얼굴을 보면서 나는 어쩐지 이 만화를 떠올렸다.

김정은 작가의 만화에는 손석희 JTBC 사장도 일찌감치 등장했다. 『지구생활백서』는 외계인인 주인공이 지구에 유배당하는 것으로 시작한다. 외계인을 감시하는 감시인은 당시 〈100분 토론〉을 열심히 진행하고 있는 손석희를 가리키며 말한다.

"저 사람이 왜 안 늙는지 궁금하지 않았나? 보라구. 죄를 짓지 않고서야 저런 말도 안 되는 싸움에 끼어들어 사회를 보겠나? 저 사람도 다~ 죗값을 치르고 있는 거야."

정우성과 손석희라니, 작가님의 선견지명에 박수를 보낸다.

분할된 컷과 대사로 진행되는 만화 특유의 리듬감을 자연스럽게 개그만화로 승화하는 데 재능이 있는 순정만화가로는 히가시무라 아키코나 니노미야 토모코도 지지 않는다. 특히 『노다메 칸타빌레』로 잘 알려진 니노미야 토모코는 『그린(Green)』, 『주먹밥 통신』 같은 작품에서도 발군의 유머 감각을 자랑했다. 그중에서도 내가 이야기하고 싶은 것은 작가 자신의 음주 경험담을 모은 『음주가무연구소』다.

그의 음주 라이프는 상상 이상이다. 작가만 그런 게 아니다. 언니의 선자리에서 정종 50병을 주문하는 술꾼 집안이다. 주변에도 각양각색 기행을 일삼는 이상한 사람들뿐이다. 술집에서 헤드다이빙을 하지 않나, 술 취한 김에 폭죽을 터뜨리며 도청으로 향하다 경찰에게 추격을 당하지를 않나, 야쿠자의 자동차 엠블럼에 뽑기 인형을 꽂지를 않나….

이 책이 한국에 번역 출간된 2008년 여름, 나는 막 생애 첫 인턴 생활을 시작한 대학 졸업반으로, 이미 과에서 알아주는 주정뱅이가 되어 있었다. 필름이 끊기도록 술을 마시고 문제 의식을 가지지도 못했고, 주사가 무용담처럼 공유되는 바보 같은 시절이기도 했다. 그래서 '여기에 비하면 나는 아무것도 아니잖아? 분발하자!' 생각했다. 책에는 술을 너무 많이 마셔 스물여섯에 혈뇨가 나온 여성 이야기도 있는데 왜 그런 장면은 교훈으로 삼지 못했을까.

그러나 이 책은 저주와도 같았다. 진심이다. 영화 〈링〉에 나오는 저주받은 비디오처럼 이 책을 가지고 있던 사람은 안녕하지 못했다. 당시 나와 바커스신을 모시며 술을 진탕 마시던 친구가 소장한 『음주만화연구소』는 "이딴 걸 보니까 그 꼴이지!"라는 어머니의 외침과 함께 처참하게 쓰레기통에 버려졌다.

근처 가게에서 술을 마실 때만 해도 멀쩡해 보였던 후배 둘이 2차로 우리 집에 오자마자 뭐에 씌인 듯 인사불성이 되어 끔찍한 밤을 보내야 하기도 했다. 한 명은 끝없이 토하고, 또 한 명은 어떻게든 움직이려다 현관문과 오피스텔 복도 사이에 몸을 걸친 채 꼼짝 못하고 뻗어버리고. 그리고 그날 내 『음주가무연구소』는 토를 하며 난폭한 행동을 하던 후배에 의해 찢겨버렸다. 구마 의식이라도 한 걸까. 많고 많은 책 중에 굳이 이 책을 찢다니. 이 책에서 뿜어져 나온 기운 때문에 미쳐버린 사람처럼. 나는 그 후에도 정신을 못 차리고 이 책을 다시 샀는데, 얼마 전 책장을 보니 흔적도 없이 사라졌다. 소름….

미남자가 잔뜩 등장하는 개그물이나 술 이야기도 좋지만, 순정만화의 유머 감각이 가장 돋보이는 부분은 역시 연애와 개그가 만났을 때다. 특히 연애나 남자의 속성을 파악하는 블랙유머는 여자들끼리 은밀히 공유하는 농담과도 같다. 2009년 「팝툰」에 연재된 『플리즈 플리즈 미』(기선)는 〈섹스 앤드 더 시티〉와 칙릿의 영향권에 있었던 당시 20대 중후반, 30대 초반 여성들의 일과 연애, 우정을 빵 터지게 그린다.

"젠장 초밥만 먹으면 설사하는 주제에
특사이즈를 다 먹는 게 아니었어…. 애당초
헤어지려고 만났으면서 맛있는 건 대체 왜 먹은
거야?… 하지만 솔직히 정말 맛있었다!"
"요 며칠 연구해본 결과… 내가 그 남자와
잘될 가능성은 40%다! 타로점을 다섯 군데서
봤는데 두 군데는 '된다' 세 군데는 '안 된다'고
하더군. 생각보다 높은 수치라서 스스로도 조금
놀랐다…."

애리, 나경, 점순, 세 여자의 우정과 성장을 지켜보는 것은 즐겁다. 망가지기도 하고 바보 같기도 하지만, 여성혐오 가사를 담은 래퍼의 공연에 찌질이들 부흥회가 따로 없다고 일갈하고, 학창 시절의 트라우마, 데이트 폭력, 유산 등 삶의 고비에서 서로를 지지하며 일으켜 세운다. "난 오늘도 실패하는 재미로 삽니다"로 끝나는 애리의 마지막 대사까지 완벽하다.

비교적 최근작인 『심야의 유감천만 사랑도감』(이라 오자키) 역시 여자 주인공 셋이 자신들의 경험담을 서로 나누는 식으로 진행된다. 미혼인 줄 알았던 남자 상사가 유부남이라고 털어놓는 순간, "매일 다림질한 셔츠를 입고 깨끗하게 빤 팬티를 입고 밖에서 즐겁게 여자와 놀고… 넌 즐겁기만 할지 몰라도 난 잃을 것밖에 없잖아!"라고 외치며 뒤도 안 돌아보고 떠난다거나, 여자 나이는 스물셋 정도까지가 좋다는 사촌 오빠에게 "상대하기엔 어린 쪽이 훨씬 더 낫겠죠. 그래야 무식하다는 걸 들키지 않을 수 있을 테니까요"라고 비꼬는 '사이다 서사'가 주를 이룬다.

괜찮은 외모에 경제활동을 하는 20대들을 주인공으로 설정해 '일침'을 가할 수 있는 사회적인 자격 조건을 의식하고 있다는 점, 에피소드 구성이 반복적이라는 점에서 한계가 느껴지긴 한다. 그래도 이 시리즈가 일본에서 인기를 얻으며 2018년에 드라마로도 만들어졌다는 것은 나쁘지 않은 신호 아닐까?

물론 개그만화에나 나올 법한 설정은 삶에서 일

어나지 않는 편이 낫다. 집 앞에서 울고불고 다툰 끝에 애절하게 서로 껴안고 헤어지려는 순간 엘리베이터가 쓱 올라가버려 뻘쭘하게 서 있거나, 함께 보내는 마지막 밤일지도 모른다고 생각해 눈물 흘리며 잠들었거늘 쏟아지는 문자 알림음 소리에 깨보니 구글 계정이 해킹당해 백만 원 넘는 돈이 소액결제되고 있어서 '씨발!'을 외치며 벌떡 일어난다거나 하는 장면 말이다(모두 내가 실제 겪은 일이다.)

 구구절절 쓰다 깨달았다. 만화 속 유머 감각을 현실에 적용하는 것 자체가 무리라는 것을. 잘생긴 대통령을 뽑는 게 국위선양이라거나, 타로 점괘가 좋으니 그 남자와 잘될 것 같다는 이야기는 만화 속에서나 재미있지 현실에서 입 밖으로 냈다가는 사회부적응자 취급을 당하기 딱 좋다. 그러고 보니 만화 속 작은 말풍선처럼 사람들과 대화하다가 뒤늦게 덧붙이는 내 회심의 일격을 두고 가장 많이 듣는 말이 있다.

 "너는 왜 이렇게 혼자서 들리지도 않는 말을 하고 있어?"

 물론 뒤늦게 알아듣고 웃어주는 사람도 있다. 감사합니다. 다른 방식으로 개그에 정진해보겠습니다.

그런 삶이 있는 줄 몰랐다

한자를 잘 모른다. 유치원 때부터 한자 카드와 시험지까지 직접 만들어주며 한문 조기교육을 시키려고 애쓴 엄마에게 미안할 정도다. 뻔한 간판이나 기사 제목조차 제대로 읽지 못할 때는 좀 무식한 게 아닌가 싶은 생각도 든다. 그러나 다행히도 십이지 동물들의 한자는 대강 안다. 1995년 방영된 애니메이션 〈꾸러기 수비대〉의 마법 같은 주제가 덕분이다.

"똘기 떵이 호치 새초미 자축인묘, 드라고 요롱이 마초 미미 진사오미, 몽치 키키 강다리 찡찡이 신유술해."

자동으로 튀어나오는 이 경쾌한 리듬! 한국의 20대 30대 중 상당수가 십이지 순서를 완벽하게 외운다면 거기엔 이 주제가가 백 퍼센트 영향을 미쳤을 것이라고 장담한다. 1990년대에 초등학교도 들어가기 전인 한국 아이들이 마리 앙투아네트라는 이름을 발음할 수 있었던 건? 루이 16세와 잔느의 목걸이 사건, 프랑스 대혁명과 단두대를 알 수 있었던 까닭은? 역시나 주제가가 자동 재생된다.

"바람 한 점 없어도 향기로운 꽃, 가시 돋혀 피어나도 아름다운 꽃."

오스칼이 등장한 『베르사이유의 장미』다. 루나, 머큐리, 마스, 주피터, 비너스, 넵튠, 우라누스, 플루토, 새턴으로 이어지는 태양계 행성을 외울 수 있는 건 물론『세일러문』덕분일 테다. 2006년 명왕성이 태양계 행성의 지위를 박탈당했다는 청천벽력 같은 뉴스를 듣고 가장 먼저 생각난 것은 세일러 플루토(이사벨)였다. 항상 차분하고 어른스럽게 시간의 문을 지켰던 플루토가 어쩌다가⋯.

만화에 교육적인 면이 있다는 예로 들기엔 하나같이 미흡하지만, 만화가 다른 세계로 향하는 문을 아주 자연스럽게 활짝 열어준다는 건 부정할 수 없을 것이다. 그것도 뇌세포가 반짝반짝하는 어린 시절에 말이다. 조금 더 증거를 대볼까? 나는 대학 시절 교양으로 '중동 이슬람 사회의 문화와 역사'라는 수업을 수강했다. 한 학기 내내 매주 세 시간씩 엉덩이를 붙이고 앉아 들었음에도 그 어떤 고유명사도 기억하지 못한다. 그런 내가 아랍어로 '당신을 사랑합니다'가 '우힙부카아바단'임은 안다. 신일숙의『에시리쟈르』덕분이다. 1995년작인 이 만화는 왕위를 노리는 후계자들이 왼쪽 가슴에 장미 문신이 있는 여인을 찾는 과정을 담았다. 예언자 모하메트, 왕위 계승을 위한 치열한 다툼, 잔혹하고 절대적인 신분제와 일부다처제, 무희의 매혹적인 춤⋯. 신일숙은 이후에『파라오의 연인』을 연재하기도 했다.

SF와 시대물이 뒤섞인 순정만화를 찾는 것이 예전에는 어렵지 않았다. 『하늘은 붉은 강가』(시노하라 치에)나 『바사라(BASARA)』(타무라 유미) 같은 대작이 아니더라도 「밍크」에는 이집트 파라오 시대부터 되풀이된 인연을 그린 『천년사랑 아카시아』(김동화) 같은 만화가 끊이지 않고 연재되었다. 종이 제본이 너덜너덜해질 때까지 읽은 클램프의 『성전』 역시 아수라, 제석천, 가릉빈가, 가루다 등 힌두교와 불교, 인도 설화에 나오는 설정과 이름을 빌린 작품이다.

　　대부분은 그 문명이나 경전에 대한 깊은 이해를 바탕에 깔았다기보다는 그럴싸하고 신비로운 설정에 그치는 정도였지만 그래도 한국의 정규 교육 과정과 일상에서 이런 문명을 마주친 확률을 감안하면 만화 쪽에서 얻은 정보가 더 많은 듯하다.

　　순정만화라고 하면 학원물이나 현대물을 주로 떠올리는 경우가 많은 것 같지만 정작 만화잡지에 한창 연재된 만화들은 오히려 현실이 배경인 쪽이 더 드물지 않았나 싶다. 황미나, 김혜린, 김진 등 작가들의 회고를 보면, 검열이 심했던 1980년대에는 한국의 현실을 배경으로 젊은이들이 등장하는 만화를 그리는 것이 쉽지 않았다는 점도 이유였을 것 같다.

　　또 한 가지. 1989년, 관광 목적으로 해외를 나

가는 게 자유로워지기 전까지 외국에 다녀온다는 것은 흔치 않은 경험이기도 했다. 실시간 정보를 확인할 수 있는 인터넷이나 두툼한 여행 가이드북도 없이 다른 나라 정보라고는 역사책이나 사진집, 영화에 비친 모습이 거의 전부인 시절, 다른 나라나 시대를 배경으로 삼는 건 작가적 상상력을 펼치기에도 더할 나위 없이 좋은 환경이지 않았을까. 물론 나름 세밀한 자료 조사와 고증은 있었다. 자료를 조사하려고 배경이 된 도시나 나라를 직접 방문한 작가의 후기가 단행본 뒤에 실리는 경우도 종종 있었다.

지금 도쿄나 뉴욕을 배경으로 만화를 그리는 게 당연히 훨씬 더 부담스러울 거다. '예전이라면 모를까, 지금의 가부키초는 저런 분위기와는 거리가 멀죠'라거나 '진짜 뉴요커들은 그런 데 안 가요' 같은 댓글이 달릴 게 틀림없다. 어쨌건 1990년대 만화 속 낯선 이국의 풍경과 언어 들은 초등학생이었던 내게 정말 너무나 매혹적으로 들렸다.

『빅토리 비키』는 21세기에도 존재하는 영국의 귀족 문화를 가장 먼저 알려준 작품이었다. 어디서 왔느냐는 질문에 비키는 답한다. "해가 지지 않는 나라에서 왔어요." 비키의 풀네임은 빅토리아 스펜서, 여자들뿐인 영국의 명문 스펜서 가문의 유일한 후계자다. 명문가 후예답게 재기 넘치고 영리하며, 순정만화 주인공답게 왈가닥 기질도 있다. 그런 비키가 '열세 살' 생일을 맞이해 뉴욕으로 가출을 감행한다. 하필 미국을 택한 건 이미 세상을 떠난 비키의 아빠가 미국 사람이기 때문이다. 오, 영국 귀족 여성과 혈통 없는 미국 남성의 러브 스토리. 엘리자베스, 다이애나, 그레이스, 빅토리아 같은 영국 귀족 가문의 여자들 이름은 얼마나 우아하게 느껴졌던가.

물론 지금 보면 말도 안 되거나 성의 없게 느껴지는 설정도 많다. 이 여성 귀족들을 머리색에 따라 엘리자베스 실버 스펜서, 다이애나 브라운 스펜서, 그레이스 골드 스펜서라고 구분해 부르는 건 약과다. 가문의 변호사인 레이몬드가 비키를 경호하기 위해 몰래 파견한 두 보디가드 이름이 '지그' '재그'여야 했을까. 남자 주인공이 하트 가문의 소니 하트, 뉴욕에서 신세 질 곳 없는 비키를 거둬준 남매의 이름이 체리 포인트, 체크 포인트인 것이 사실이란 말인가.

그러나 코카콜라라는 말조차 근사하게 들릴 나이였으므로 제이에프케네디 국제공항, 센트럴파크, 브루클린교, 이스트맨션 같은 단어가 등장하는 것만으로도 『빅토리 비키』속 뉴욕의 풍광은 완벽하게 느껴졌다. 센트럴파크의 마차, 런던의 빅뱐과 해롯 백

화점, 스펜서가의 저택 같은 촘촘한 배경은 어떻고.

지금이야 구글 이미지를 검색하면 사진 수천 장이 쏟아지지만 그 시기에 어떻게든 배경을 찾아 그렸을 작가의 노고를 생각하면 가슴이 뭉클하다. 『빅토리 비키』를 연재하던 시기에 한승원 작가는 대작 『프린세스』도 그리고 있었으니 『빅토리 비키』 속 다소 어설픈 이름이나 설정은 다분히 독자층에 맞춘 것이리라 이해할 아량도 생겼다.

가본 적 없는 나라와 시대를 세심하게 묘사해 마음을 설레게 한 만화를 꼽자면 「밍크」 창간호부터 연재된 『비비 아이리스』(김강원)도 빼놓을 수 없다. 주인공 아이리스는 프랑스 남부 프로방스의 귀족 가문에서 태어나 남부럽잖은 유년 시절을 보내다 갑자기 19세기 파리 사교계에 데뷔하게 된다. 만화는 그 전까지 이름도 들어본 적 없는 프로방스를 향한 향수를 느끼게 할 정도였다.

보불전쟁이 끝난 19세기 후반을 시대 배경으로 삼아서 『비비 아이리스』의 등장 인물 이름은 『빅토리 비키』에 비해 한결 우아하고 복잡해진다. 아이리스 드 미르벨을 비롯해서 프랑소와, 까뜨린느, 이본느, 조르쥬, 이자벨…. 프랑소와는 긴 금발에 목 부분에 세일러 테일러링이 가미된 의상을 즐겨 입었고, 「밍크」 남자 주인공으로서는 놀랍게도 혈우병에 걸린 까 칠한 미소년이라는 설정이었다. 한 번 피가 나기 시작하면 좀처럼 피가 멈추지 않는다는 이 병이 백혈병이나 결핵을 뛰어넘는 세심하고 혁신적인 설정으로 느껴진 것은 물론이다.

> "내 소중한 기억의 편린들… 나의 어머니…
> 푸른 하늘과 광활한 대지… 그리고… 꿈과 현실
> 사이에서 사랑할 줄 아는 자들만이 오고 가던 내
> 유년의 집 아프리카의 이야기들이….''

1997년 「윙크」에 연재를 시작한 『호텔 아프리카』(박희정)는 주인공 엘비스가 미국 중서부에서 보낸 유년기를 회고하는 방식으로 펼쳐진다. 엘비스는 젊고 가난한 예술가 친구들과 함께 뉴욕에서 성공을 꿈꾼다. 백인과 흑인 혼혈인 엘비스는 곱슬곱슬한 레게 머리와 짙은 피부톤을 표현하기 위한 스크린톤을 붙이고 있었다. 내가 기억하기로는 순정만화에서 흑인임이 명시된 보기 드문 주인공이었다.

엘비스 프레슬리 모창 가수인 엘비스의 아버지, 엄마 아델라이드는 그런 그와 사랑에 빠져 엘비스를 낳지만 남편은 곧 세상을 떠난다. 미혼모나 다름없이 생계를 꾸려야 하는 아델라이드는 유타주 고향 집의 남은 방을 여행자 숙소로 제공하기로 결심한다. 이 어설픈 호텔의 이름이 바로 호텔 아프리카다.

나이를 조금 더 먹어 중학생이 된 뒤 〈델마와 루이스〉나 〈우리에게 내일은 없다〉처럼 미국의 광활한 풍광을 담은 영화를 보고서야 유타주라는 만화의 배경에 담긴 정서를 이해할 수 있었다. 미국 중부 외곽에 동그마니 자리한 호텔 아프리카를 드나들던 다양한 손님들이 어떤 소수성을 대변했는지, 주인공인 엘비스가 흑인 혼혈이자 사생아로 자란 것은 어떤 의미였는지, 엘비스의 좋은 친구이자 보호자가 돼준 손님이면서 결국 아델라이드와 사랑에 빠진 지오가 아메리칸 인디언이라는 건 또 어떤 의미를 가졌는지.

소설가 조남주가 『호텔 아프리카』와 관련해 「채널예스」에 쓴 짧은 글은 보다 정확하고 유려하다.

"그런 삶이 있는 줄 몰랐다. 매일 같은 교복을 입고 같은 가방을 메고 같은 버스를 타던 여고생에게 세상이 얼마나 넓은지, 얼마나 다양한 사람들이 다양한 모습으로 살고 있는지 가르쳐준 만화다. 어떤 삶이든 사랑이든 틀린 것은 없다는 사실도."

정말 그랬다. 이 넓은 세상에 얼마나 많은 사람이 얼마나 다양하게 존재하는지 종이 만화처럼 다정하게 알려준 것은 없었다. 베개 밑과 보조가방에 쏙 들어가는 만화책 한 권에는 그 많은 이야기가 칸칸이 펼쳐졌다. BL이나 백합물이라는 장르적으로 고착된 용어가 존재하기 훨씬 이전에, 타고난 성별에 구애받지 않는 사랑의 형태가 있다는 걸 알려준 것도 순정만화였다.

마리와 리가모의 대표작은 영화로도 만들어진 『아기와 나』겠지만 내게 좀 더 선명한 인상을 남긴 것은 『뉴욕 뉴욕』이다. 게이바를 드나들며 상대를 찾지만 정작 직장(경찰)에는 성정체성을 숨기고 살아가는 케인. 처음부터 '프리섹스는 하지 않는다'고 못 박는 멜. 두 사람은 운명처럼 마주친 순간 강렬한 감탄사와 함께 서로를 알아본다. "지저스."

『뉴욕 뉴욕』은 결국 사랑에 빠지고 만 두 사람이 동성애자로서 함께 살아가는 삶을 그린다. 자기 정체성을 부인하는 디나이얼들, 클로짓게이로 살아가는 사람들, 성적 학대를 겪고 트라우마를 가진 멜, 아들의 선택을 받아들이고자 하지만 고통스러워하는 케인의 부모님, 결혼한 두 사람이 입양한 아이, 행복할 무렵 발병한 멜의 에이즈.

『뉴욕 뉴욕』은 퀴어의 존재나 성소수자 인권에 대한 논의가 잘 드러나지 않았던 90년대 중반에 퀴어 커플의 삶을 꽤 면밀하고 현실적으로 그린 보기 드문 작품이었다. 물론 뉴욕에 사는 경제력 있는 백인 게이 커플은 소수자 중에서 비교적 덜 소외당하는 위치일 것이다. 그렇다고 이들이 혐오의 대상이 될 위험이 없는 것은 아니다. 성소수자를 개인의 관계 중심으로 바라보는 시각, 예를 들어 '어쩌다 좋아하게 된 상대가 같은 성별일 뿐' 같은 관점이 얼마나 나이브한지, 소수자 문제를 다룰 때 왜 제도적인 변화가 함께 논의돼야 하는지 이해하는 데는 이 만화책 네 권이면 충분했다.

멜과 케인의 이야기가 미드 속 퀴어 서사 같은 느낌이라면 2004년 단행본으로 발간된 『미스터 레인보우』(송채성)는 좀 더 현실적인 한국의 이야기로 다가왔다. 제목이 직설적으로 암시하듯 주인공 덕구는 낮에는 유치원 교사로 일하고 밤에는 게이바 쇼걸로 일하는 성소수자다. 남성 작가는 한국 순정만화의 전성기에도 내내 드문 존재였는데 송채성 작가는 게이바 마담과 손님들, 유치원 아이들을 부지런히 오가며 사람이 사람에게 끌리는 자연스러운 감정을 코믹하고 따뜻하게 묘사했다.

작가가 사망하면서 덕구의 이야기는 단행본 두 권으로 멈췄다. 그로부터 몇 년 뒤, 내 첫 직장은 종로

3가와 가까운 곳이었다. 저녁이면 등장하는 포장마차를 삼삼오오 채운 남자들, 당시에는 보기 드물 정도로 멀끔하게 잘 꾸민 남자들이 모여 있던 인사동 커피빈, 지금의 익선동 골목에 자리한 무지개 깃발이나 스티커를 단 작은 바, 1호선에서 가끔 볼 수 있었던 트랜스젠더들과 크로스드레서들, 회사 선배들이 사회 초년생인 나에게 도시 전설처럼 들려준 이런저런 이야기들. 이태원처럼 공공연하지 않았을 뿐 서울 게이 커뮤니티의 중심지였던 종로 골목을 다닐 때 나는 덕구의 이야기에 등장한 얼굴들을 대입하며 그들의 삶을 아는 척 짐작하곤 했다.

    10대인 나에게 만화가들은 정말 한참 어른으로 보였는데, 그들 대부분이 당시에 20대였다. 지금이라면 상상할 수 없는 일이지만 20세기에는 팬레터 보낼 곳이라며 작가 집주소를 잡지에 공개하거나 단행본 날개에 작가 소개와 태어난 해, 태어난 곳, 때로는 학력까지 기재하는 게 자연스러웠다. 그래서 본의 아니게 작가님들 나이를 정확히 알게 된 것이다. 이빈, 천계영, 박희정 70년생, 하시현, 유시진 71년생, 권교정 74년생…. 다른 어떤 장르에서 본 적 없는 으스스한 미스터리물을 독특한 그림체로 선보인 한혜연 작가도 1969년생이다. 지금도 고등학생이나 대학생 때 데뷔하는 웹툰 작가들이 많지만, 그래도 역시 놀랍다. 어떻게 그 나이에 그런 이야기들을 상상하고 그릴 수 있었을까? 접촉할 수 있는 다른 사람의 삶의 형태라는 게 지금만큼 다양하지 않았던 시절에 20대 젊은 작가들이 독자들에게 전하고자 노력한 가치관과 취향, 그렇게 전달 받은 소중한 조각들을 생각한다.

만화 속 세계만큼이나 만화를 그리는 사람들의 실제 삶 또한 내 세상을 넓혀주었다. 나와 같은 세상을 사는 20대 여자라고는 학교나 학원 선생님, 띄엄띄엄 근황을 듣는 친척 언니들이 전부였던 때, 엄마 책꽂이에서 본 공지영, 신경숙 작가의 소설은 먼 이야기처럼 느껴질 때, 순정만화 작가들은 독립적으로 자기 일을 하는 프로페셔널한 여성으로서, 확고한 취향을 가진 흥미로운 인간으로서 내 안에 존재했다.

그나저나 최근에 만화책들을 다시 보며 새삼 깨달은 것이 있다. 바로 순정만화가들은 일찌감치 고양이의 매력을 깨달은 종족이라는 사실이다. 그 시절에 트위터나 인스타그램이 있었다면 제일 처음 자기 집 고양이 사진을 올려 RT를 타는 사람들은 분명 이 사람들이었겠다는 확신이 든다. 고양이가 기분 나쁘고 으스스한 영물 취급 받는 시골에서 살던 어린 시절 나는 고양이를 향한 만화가들의 깊은 애정을 전혀 알아차리지 못했다. 그뿐인가. 일찌감치 고양이의 매력을 앞세워 한국 고양이 만화의 고전이라 불리는 『C.A.T』(강현준), 『나비가 없는 세상』(김은희)이나 2004년작 『천국의 고양이들』(양아) 같은 단행본은 아예 관심 밖일 정도였다.

그때의 나를 강력히 규탄한다. 미래는 역시나 예측불허, 지금 나는 고양이 세 마리와 살고 있는데, 한 살일 때 데려온 첫째 라르장은 어느덧 열세 살 할아버지가 됐다. 주말마다 가는 부모님 댁에는 개도 두 마리 있다(으쓱으쓱.)

인생은 레벨업이 아니라 스펙트럼을 넓히는 것이라는 문장을 내 인생에 쓴다면 동물에 대한 크나큰 관심과 애정이 단연 맨 첫 자리에 올 것이다. 얼마 전에는 『시골 개와 서울 고양이』(황숙지)를 다시 펼쳤다가 그 안에 묘사된 시베리안허스키 만세와 페르시안캣 나빈이가 너무 귀여워 데굴데굴 굴렀다. 마르고 닳도록 읽은 『쿨핫』에서 작가가 하굣길이나 골목 풍경 곳곳에 심어둔 고양이들도 눈에 들어오기 시작했다. 역시 순정만화가들은 이 세상의 선구자다.

닫혀버린 세계

수십 년 활동한 '노장' 밴드가 내한 공연을 할 때, 한때 애정을 쏟았던 연예인이 컴백한다는 소식이 들릴 때, 오랫동안 좋아한 배우나 감독이 당연하게 차기작을 내는 것을 볼 때, 좀 이상한 기분이 든다. 내가 그토록 사랑하고 응원한 수많은 만화와 작가 대부분이 홀연히 사라져버렸으니까.

1990년대부터 2000년대 초반까지 순정만화를 좋아한다는 건 잡지의 폐간, 휴재, 연재 중단 등에 익숙해지는 일이나 다름없었다. 만화는 내 세상을 넓혀 준 동시에 세상의 쓴맛도 알려줬다. 이야기의 결말이라는 것이 항상 존재하는 것은 아니며, 어떤 이별은 제대로 인사할 틈도 없이 찾아오기도 한다는 것. 그리고 때로는 그 결정이 불합리할 수도 있다는 것.

잡지가 생겼다 사라지고, 이 잡지에서 연재되던 만화가 다른 잡지로 옮겨 연재되고, 반응이 별로인 만화는 흐지부지 마무리되고, 그러다 한두 달 뒤 작가가 새 작품을 시작하는 경우도 있었다. 포기를 빨리 배웠다지만 어릴 때는 그런 사정을 이해하기가 어려웠다. 한 연재작을 끝내지 않은 상태에서 새 작품을 시작하거나, 휴재가 잦고 연재 페이지가 너무 짧은 작가들을 보면 책임감이 없거나 불성실하다고 생각했다.

왜 이런 일들이 한국 순정만화에서 유독 자주

일어났을까? 영화나 드라마는 누구 한 사람이 빠져도 다른 사람이 그 자리를 메울 수 있다. 대신 자본과 수많은 전문가, 관계자가 필요하다. 음악은 열한 곡이 든 완전한 앨범을 내기 어려우면 대여섯 곡을 모아 EP를 먼저 발표해도 된다. 그러나 만화는 기본적으로 작가 한 사람이 그려가는 이야기다. 어떤 방향으로 걸어갈지 짐작할 수 없는 아름답고 커다란 이야기가 한 사람 안에 존재한다.

그렇다고 작품 활동을 하면 작가에게 안정적인 수입과 경제적인 성공이 보장됐느냐, 그렇지도 않다. 대다수 만화가의 작업 환경이나 경제 상황이 썩 좋지 않다는 것은 어릴 때도 짐작할 수 있었다. 특히 젊은 여성이 대부분이었던 만큼 순정만화 작가의 경제적 처우는 더 나쁘지 않았을까. 많은 작가가 자기 건강, 심지어 삶 자체를 갉아먹으며 이야기를 이어갔다.

창작욕, 책임감, 성실함이란 말로 포장된 험난한 여정을 반복하는 일이 얼마나 커다란 에너지를 필요로 하는지, '너는 네가 좋아하는 일 하잖아'라는 말이 얼마나 무용한지, 지금은 감히 안다. 끝없는 불평과 수시로 솟구치는 퇴사 욕구로 가득한 직장인의 세계에 발을 들인 뒤에야 비로소 알게 됐다.

작가가 작품과 작품 속 캐릭터에 부여한 애정의

크기가 작품의 존속과 반드시 비례하지는 않겠지만, 사명감과 애정으로 일을 이어가는 작가도 많았다. 이시영 작가는 만화가들의 이런 여정을 근사하게 비유했다. 10권으로 완결된 『지구에서 영업중』의 번외편 『지구에서 영업중-X』 후기 만화에는 커다란 펜대를 들고 정글을 헤치고 나아가는 작가의 모습이 담겼다.

"그것은 지극히 외로운 작업이랍니다. 아름답고 울창하지만 때론 엄청난 위험이 도사리고 있는 오지 대탐험! 이보다 더 성가시고 두근두근할 일도 없을 겁니다. 언젠가 들어올 관광객들을 위해 길을 만드는, 오랜 숙련이 필요한 고도의 제초 작업…. 목적지는 딱히 말하기 곤란해요. 전 숲 자체에 빠져서 이 일에 뛰어 들었을 뿐이니까요. 무책임한 말 아니냐고요? 하지만 예쁜 걸… 이 예쁜 걸 혼자만 보기엔 아쉬운 걸요, 왠지…."

그 숲에 함께 뛰어들어 그 끝에서 기다리고 있을 풍경을 목격하고 싶었다. 어떤 작가들은 정말로 내면에 수많은 숲을 가지고 있는 것처럼 끝없이 새로운 세계와 이야기를 자꾸만 만들어냈다.

그러나 여정이 완결되는 일은 그렇게 많지 않았다. '114명의 작가들을 통해 본 한국 순정만화사!'라는 소개를 달고 2018년 발간된 『한국 순정만화 작가 사전』(조영주)에 담담하게 적힌 문장을 보자.

"무수한 작가들이 생계를 해결하지 못해 업계를 떠나거나 장을 옮겼다. 무수한 작품들이 공중에 떴다. 누군가는 어찌어찌 연재처를 마련해 작품들을 맺을 기회를 얻었지만, 『쿨핫』, 『이라크농』, 『퍼플하트』, 『마담베리의 살롱』, 『달에서 온 소년』, 『열왕대전기』, 『엔드』, 수많은 세계가 그렇게 그 자리에 붙박여 섰다."

정말 많은 세계가 그렇게 멈췄다. 권교정 작가가 그토록 여러 번 애정을 표했으나 『헬무트』는 결국 1997년 발매된 4권을 끝으로 더 나아가지 못했다. 그 뒤의 이야기는 작가의 안에서 어떤 방향으로 정리됐을까? 유시진의 『신명기』는? 이빈 작가는 『안녕 자두야』를 지금도 연재하고 있지만 나는 『Paris와 결혼하기』의 뒷이야기도 궁금한데⋯.

『한국 순정만화 작가 사전』에 축약된 작가들의 이력은 건조해서 한층 더 마음이 아프다. 그리고 이

별은 폐간이나 휴재라는 형태로만 찾아오지 않았다.

"작품을 하는 족족 엎어지는 통에 권교정은 결국 고향으로 내려갔다. 그리고 작품(수익) 활동을 지속할 통로를 확보하려 애쓴 끝에, 2010년 「파티」에 『설록』 연재를 확정했다. 앤솔로지 『순애보3』에도 참여했다. 개인지를 만들어 못다 맺은 작품들을 끝내려는 계획도 세웠다. 그러나 2011년 대장암 판정을 받으며 모든 노력이 헛수고가 되었다."

"그러나 이 전도유망한 (김지은) 작가는 2009년 록밴드 소년 만화 『틴 스피릿』을 「파티」에 연재하자마자 대장암 4기 판정을 받았고, 수술조차 불가능한 상황에서 원고 작업을 지속하다 2011년 6월 2일 숨졌다."

몸이 고장 나는 일은 흔했고, 투병 끝에 젊은 작가가 세상을 떠나는 일도 간간이 목격해야 했다. 우리 장르 최고 '존잘'도 마찬가지다. 1982년 데뷔한 이래 늘 인기 작가였던 한승원의 『프린세스』 역시 단행본은 2008년 31권에서 멈췄다. 작가가 건강을 회복하고 네이버 연재로 이야기를 이어갔지만 전에도 여러 번 손목 통증 같은 건강 이상을 호소해온 50대 작가에게 작품 강행을 기대하기는 어려운 상황이다.

야자와 아이도 마찬가지다. 그의 작품 중 상당수가 영화, 드라마로 만들어졌고 캐릭터 제품이 출시되고 모바일 게임과 닌텐도 게임으로도 제작되었다. 만화가가 구가할 수 있는 모든 영광을 누렸다. 그런 '야자와 월드'의 시간은 2009년 『나나』 21권에서 멈췄다. 『나나』가 연재되던 「쿠키」에 이따금 야자와 아이의 일러스트가 게재되기도 했지만, 10년째 장기 휴재가 이어지는 지금도 그 뒤의 이야기를 기다리고 있는 사람이 있다면 굉장한 낙관주의자일 것이다.

야자와 아이에게는 개인 사정이 존재하고, 건강 문제를 제외하면 비교적 안녕을 누리고 있을 것이 분명하다. 그러니 그의 사례를 한국 순정만화가들과 동등한 위치에 놓을 수는 없다. 그러나 어쨌든 작가가 멈춰 서면 이야기는 결코 굴러가지 않는다.

명확한 취향과 재능을 가진 수많은 젊은 여성 창작자 중 단 몇 명이라도 제대로 된 원로 대우를 받으면 얼마나 좋을까? 예능 프로그램에 패널로 출연한다거나 여성 멘토로서 강연장이나 어딘가의 무대에 등장하고 있다면. 그나마 그럴 가능성이 보이던 시기마저 이제 완전히 지나버린 것 같다.

기존 작가들이 웹툰 시장을 진지하게 도전할 대상으로 바라보던 2000년대 후반, 몇몇 순정만화 작가들이 포털사이트에 작품을 연재했다. 그림체가 화려하고 컬러풀한 『크레이지 커피 캣』의 최경아 작가, 옴니버스식 스토리텔링에 강한 『빵 굽는 고양이』의 한혜연 작가처럼 도전이 성공적인 경우도 있었다. 그러나 '아니 이분이 얼마나 대단한 작가인데!'라고 의리를 지키며 실드를 치기도 쉽지 않은 경우도 있었다. 2015년 네이버에 '어릴 적 내 마음을 잔잔히 적셔 준 거장들의 만화가 다시 시작됩니다'라며 '순정만화 걸작선'이라는 타이틀로 김기혜, 신일숙, 이은혜, 이미라 등 스무 명 넘는 전설적인 작가들 단편이 한 주에 하나씩 올라온 적이 있다. 슬프게도 몇몇 작품을 제외하면 80, 90년대를 풍미한 작가들의 화풍이나 연출이 지금의 플랫폼에는 적응하기 어려울 것이라는 사실을 보여주는 시도였다.

그러나 작가들의 '이후'에 대해 마냥 비관적으로 말하고 싶지는 않다. 그럴 자격도 없다. 사라진 것은 내가 향수를 갖고 바라보는 어떤 시기일 뿐, 그들의 인생이 아니다. 지금도 순정만화잡지 두 종이 종이책으로 발간되고 있다. 이전과 다른 방식으로 그림을 그리거나 글을 쓰면서 이야기를 이어가는 작가들도 많다. 순정만화 그림체나 연출 방식에서 영향을 받은 것이 분명한 만화들이 포털 연재처뿐 아니라 레진코믹스, 마녀코믹스, 봄툰, 딜리헙, 리디북스 같은 플랫폼에서 생산되고 있다.

여전히 활동하고 있는 작가들은 또 어떤가. 1983년 데뷔한 김혜린은 고려 말을 배경으로 한 신작 「인월」을 연재 중이다. 비록 『엔드』는 멈췄지만 서문다미 작가는 16권으로 완결된 『너의 시선 끝에 내가 있다』에 이어 『루어(RURE)』를 33권까지 이끌고 있다. 이변이 없다면 『루어』는 한국 순정만화 최장편이 될 것 같다. 2000년 「밍크」에서 데뷔한 윤지운 작가는 많은 작가가 한 번쯤 겪는 '작붕' 시기도 없이 수준 높은 작품들을 꾸준하게 선보이고 있다.

일본이라면 든든한 편집부 시스템이 있고 인기 작가는 열 명 넘는 스태프가 일하는 만화 공장을 돌린다지만, 그렇게 만화를 세상에 내놓으면 단행본 판매 부수가 어느 정도 보장된다지만, 한국에서 어떻게 이런 꾸준한 작업이 가능한지 신기할 정도다. 현대의 사람들이 셰익스피어가 작가 한 명이 아닐 수도 있다고 의심하는 것처럼, 혹시 윤지운 작가도 사실 한 명이 아닌 것은 아닐까?

박은아 작가는 또 어떤지! 제멋대로 세상을 평가하기 좋아했던 10대 시절, 나는 그가 성실한 편은 아니라고 생각했다. 그러나 박은아 작가는 김연주 작가와 함께 지금도 「파티」와 「이슈」 두 군데에 연재하는 저력을 발휘하고 있다. 두 작품 다 한 달 연재 분량이 몇 페이지 안 되고, 잡지 표지에는 만화 제목이 인쇄되어 있는데 막상 펼쳐보면 만화가 없는 경우도 있다(막판에 원고를 펑크 냈다는 뜻일 거다.) 그렇게 느리게나마 『방울공주』는 8권까지, 『녹턴』은 10권까지 연재를 이어가고 있다. 진정한 '존버'다. 나는 '이번 권도 너무나 오랜만입니다'라는 문구로 종종 시작하는 책날개 속 작가님 말을 확인하며 늘 다음 권을 구매한다. 이 의식 같은 행위를 계속할 수 있어 기쁘다.

얼마 전에는 오랜만에 『M의 천국』(서현주)을 다시 꺼내 보다가 5권의 작가 후기에서 블로그 주소를 발견했다. 반신반의하며 검색창에 주소를 입력했다. 5권이 2009년에 나왔으니 별 기대가 없었다. 놀랍게도 블로그는 여전히 열려 있었다. 한층 놀랍게도 내가 구하지 못한 『M의 천국』 6권을 데이터파일로 구매할 수 있다는, 2011년에 올린 공지도 발견했다. 메일을 보냈고 '오래된 만화 여전히 기억해주고 이렇게 찾아와주셔서 정말 감사드린다. 만족할 만한 원고였으면 좋겠다'는 답장과 링크를 받았다. '이 파일은 개인 소장용으로만 간직해주세요. 친구에게도 나눠주시면 안 됩니다^^;'라는 당부도 함께. 작가님, 친구와 만화를 돌려 보기에는… 저는 지금 서른네 살인데요! 6권을 보고 10년간 알지 못한 『M의 천국』의 결말을 알 수 있게 되진 않았다. 그래도 기뻤다. 잠깐이나마 독자로서 이 세계에 재접속할 수 있다는 게 기뻤다. 작가님 당부대로 6권을 '즐감'했다.

권교정은 기존에 여러 권으로 나뉘어 출간된 단편들을 묶어 2017년 『권교정 단편집』이라는 이름으로 선보였다. 그리고 언제나 그랬듯 자신의 캐릭터 교(GYO)를 등장시킨 후기 만화로 근황을 전했다.

"아차차 그만 암에 걸려버렸네!"

"왜냐고요? 난 암 환자라능. 무리하면 죽음."

얼마 전에는 『어색해도 괜찮아』 또한 애장판으로 재발매된 덕분에 문조 새를 키우는 것으로 알려져 있던 작가님에게 고양이 두 마리가 새 식구가 되었다는 근황 아닌 근황도 알 수 있었다.

가끔 검색창에 순정만화 관련 내용을 쳐보면 나와 비슷한 시기를 지나온 것 같은 사람들의 글이 보인다. 사진을 보는 순간 '맞아, 저런 게 있었지!' 떠오르는 엽서, 클리어파일, 다이어리 같은 잡지 부록을 정성스럽게 보관하고 있거나, 꾸준히 작품평을 올리는 이들이 있다. 이 세계가 뿌려놓은 파편들이 분명히 존재한다는 증거 같아 함께 떠들고 싶어진다.

그럼에도, 이토록 오랜 시간 애정해온 작가들을, 나는 어딘가에서 마주치더라도 알아보지 못할 것이다. 내가 기억하는 모습들은 아주 오래전 잡지에 실린 인터뷰나 발간된 지 수십 년이 지난 단행본에 조각 컷처럼 실린 모습들뿐이니까.

공교롭게도 지금 일하고 있는 회사에서 걸어서 2분 거리에 새로 지은 레진코믹스 사옥이 있다. 2013년 설립된 이래 '유료 웹진'이라는 플랫폼이 성공을 거둘 수 있다는 것을 상징적으로 보여주는 으리으리한 건물이다. 그곳을 지날 때면 괜히 걸음을 빨리해 못 본 척 지나친다. 덕분에 꽤 많은 만화를 봤고 유료 결제도 정말 많이 했지만(진지하게 말하는데 정말 많이 했다) 일부 작가들을 대하는 태도와 논란 그리고 결국 그곳에서 인기리에 소비되는 성인 만화들의 패턴을 보는 일에 조금 질려버렸다.

한양문고는 중학생 때 엄마와 서울에 올라오면 가끔 들러 만화책과 그림 도구를 사곤 했던 곳인데, 2018년 문을 닫았다. 한양문고와 함께 홍대 앞을 지키던 북새통은 생활권이 마포구와 멀어지고부터는

가지 않은 지 꽤 됐다. 홍대의 터줏대감 '한 잔의 룰루랄라'는 만화를 좋아하는 사장님이 잔뜩 가져다놓은 절판된 만화책(물론 순정만화도!)이 손 닿는 곳에 널브러져 있던 곳인데 역시 얼마 전 사라졌다. 서울 대형 서점 중에 만화책이 잘 정리되어 있다고 생각한 종로 영풍문고의 만화책 코너는 얼마 전 규모를 축소해 '학산 순정' '대원 순정' '서울 순정' 등으로 정리되어 있던 만화 칸이 크게 줄었다.

처음 순정만화 이야기를 써야겠다고 생각했을 때, 즐거운 수다 같은 작업이 될 줄 알았다. 아주 오랜 시간 아끼며 좋아한 부분들을 맘껏 떠들게 될 거라고. 그러나 기억을 더듬으며 알게 되었다. 성실하고 충실한 독자라 믿었던 나 또한 이 세계가 나와 멀어지는 걸 아주 무심히 바라만 보았다. 그리고 또 알게 되었다. 여성 창작자들이 만든, 다양하고 반짝이는 여성이 등장하는 이야기를 읽으며 10대 시절을 보냈다는 게 얼마나 큰 행운이었는지를, 가벼운 마음으로 책장을 넘기며 그들이 만들어놓은 세계를 넘나들 수 있었던 게 얼마나 호사스러운 경험이었는지를.

카일 스티븐스는 여성 체조선수 등 156명에게 성폭력 범죄를 저지른 혐의로 기소된 의사 래리 나사

르에 대해 법정에서 증언하면서 이 유명한 문장을 남겼다.

"여자아이들은 영원히 어리지 않다. 그들은 강인한 여성이 되어 당신의 세계를 부숴버린다."

여자들의 풍성한 이야기를 볼 때, 늘 서사의 변두리에 존재했던 여자아이들이 자라 이제 자기 경험을 직접 쓰고 말하기 시작한 것을 볼 때, 나는 이 말을 떠올린다.

실제로는 강인함보다는 무력함을 느끼는 나날이 더 많이 나를 찾아온다. 그러나 그래도, 그럼에도 믿는다. 내 안에는 세상을 향한 애정과 신뢰로 채워진 튼튼한 기둥 같은 게 서 있으며, 나를 이루고 있는 조각 중에는 꽤 근사한 파편들도 존재한다고.

만화잡지가 나오는 날에 맞춰 서점으로 뛰어 가던 때, 모두가 만화책을 돌려 보던 때, 격주 혹은 매월 작가들이 10대 20대 여자들을 위한 이야기를 그토록 부지런히 쏟아내던 때는 다시 오지 않을 것이다. 그러나 그 시절 당신들이 들려준 이야기들이 여자아이에서 어른이 된 수많은 '나'에게 남아 있을 것이다. 덕분에 정말 즐겁고 행복했다고 고백하며, 조심스레 안부를 묻고 싶다. 내 세상을 만들어준 수많은 순정만화가들에게.

나를 만든 세계, 내가 만든 세계
'아무튼'은 나에게 기쁨이자 즐거움이 되는,
생각만 해도 좋은 한 가지를 담은 에세이 시리즈입니다.
위고, **제철소**, **코난북스**, 세 출판사가 함께 펴냅니다.

아무튼, 순정만화

1판 1쇄 발행 2020년 2월 1일
    4쇄 발행 2023년 7월 14일
지은이 이마루
펴낸이 이정규
펴낸곳 코난북스
출판등록 제2013-000275호
전화 070-7620-0369
팩스 0505-330-1020

conanpress@gmail.com
conanbooks.com
facebook.com/conanbooks

ⓒ이마루, 2023

ISBN 979-11-88605-13-2 02810

이 도서의 국립중앙도서관 출판예정도서목록(CIP)은
서지정보유통지원시스템 홈페이지(http://seoji.nl.go.kr)와
국가자료공동목록시스템(http://www.nl.go.kr/kolisnet)에서
이용하실 수 있습니다.(CIP제어번호: CIP2020020333)